心理学与口才技巧

201个让你讨人喜欢的说话技巧

张静波◎编著

中国社会出版社
国家一级出版社·全国百佳图书出版单位

图书在版编目（CIP）数据

心理学与口才技巧 / 张静波编著 . -- 北京 ：中国社会出版社，2017.8（2024.04 重印）
ISBN 978-7-5087-5739-1

Ⅰ.①心… Ⅱ.①张… Ⅲ.①心理交往－口才学 Ⅳ.①C912.13

中国版本图书馆 CIP 数据核字（2017）第 198843 号

出 版 人：程　伟
终 审 人：王　前
责任编辑：杜　康
责任校对：王银霞
封面设计：尹　帅

出版发行：中国社会出版社
地　　址：北京市西城区二龙路甲 33 号
邮政编码：100032
编 辑 部：(010)58124864
网　　址：shcbs.mca.gov.cn
发 行 部：(010)58124864；58124845
经　　销：新华书店

印刷装订：中国电影出版社印刷厂
开　　本：170 mm×240 mm　1/16
印　　张：16.5
字　　数：270 千字
版　　次：2018 年 1 月第 1 版
印　　次：2024 年 4 月第 5 次印刷
定　　价：45.00 元

中国社会出版社微信公众号

中国社会出版社天猫旗舰店

序言

PREFACE

生活中，我们每天都要用嘴说话，这就像吃饭一样自然。也许是因为这个原因，以致我们忽视了它的重要性。然而，恰恰是这张嘴，在很大程度上决定了我们的一生。

仔细观察周围的世界，你会发现，那些发生在成功人士身上的奇迹，至少有一半是由口才创造的。远到数千年前的孔子、苏格拉底，近到第二次世界大战时期的丘吉尔、罗斯福，哪一个不是口才了得！美国前任总统奥巴马，更是靠着出众的口才折服了大多数美国选民。

会说话的人，一句话能让人笑；不会说话的人，一句话能让人跳。许多人一辈子兢兢业业，好处没捞着，反倒遭人埋怨。究其根源，不是败在能力上，而是输在了说话上。

闭上眼睛想一想：曾经多少次，你站在讲台上，手发抖，腿发软，说话语无伦次？曾经多少次，你因为词不达意，痛失工作良机？曾经多少次，你因为笨嘴拙舌，将到手的客户拱手让给别人？曾经多少次，你面对上级不懂得圆通，说话不中听，导致晋升无望？曾经多少次，你面对朋友的滔滔不绝，只有羡慕嫉妒的份儿？……这样的阴影，陪伴了你好多年，甚至好几十年，不是你不想改变，而是你已经习惯，或者不相信它能够改变。其实，好口才并不是天生的，林肯小时候患有口吃，甘地第一次演讲像尖叫，所以，不要担心你没有基础。

那么，如何才能拥有好口才呢？大多数人或者教材会告诉你，你需要掌握什么技巧，但说话是两个人的事情，讲究攻心为上，那些口若悬河、自以为会说话的人，恰恰是最让人头痛的人。相反，那些平时沉默不语的人，却能在关键时刻一语中的，把话说到点子上。所谓话不在多而在精，要想把话说到对方的心坎儿上，前提是你必须洞悉对方的心理。

在这本书里，我们将从口才基本功开始，为你介绍声音练习的方法和如何在说话中使用肢体语言，以及说话时应该注意的基本原则。在接下来的技巧篇，我们总结了全世界最受欢迎的说话技巧，从个人、职场、人际、情感等不同方面，为你讲述在生活和工作中提高表达能力的奥秘，其中既有生动、鲜活的案例，更有打动人心的心理策略。

考虑到阅读时间的限制，每节篇幅都很短小，一般不超过800字。这样的篇幅，你每天只需花上5分钟，就能学到一个聪明人不说但每天都在默默践行的说话技巧。

每本书的出版，都离不开众多幕后英雄的支持。本书从策划开始，就得到了张朝贵、钟翠芬、牛晓玲、牛领辉、王帅、张昀明、陈宇峰、王义龙、赵菁、张静娴、张玉雄、张燕等人的帮助，他们为本书的编写提供了大量宝贵的资料和建议，在此一并表示感谢。

本书的编写借鉴和参阅了大量的参考文献，得益于同行的努力，本书才能够如此生动、丰富。限于篇幅，书中未能全部列出。在此，谨向各位专家和学者表示衷心的感谢！

目 录

CONTENTS

第4章 交际口才

第8章　批评口才

第9章　拒绝口才

第10章　说服口才

第13章　领导口才

第14章　谈判口才

PSYCHOLOGY

AND ELOQUENCE

SKILLS

第1章 声音练习

让你的声音充满魅力

口才技巧

声音是语言的载体，只要开口说话，就离不开它。因此，学习口才，首先要从声音练习开始，只有掌握了这门基本功，才能练就三寸不烂之舌。

在生活中，我们都喜欢听那些饱满圆润、悦耳动听的声音，而不愿听干瘪无力、沙哑干涩的声音，因为悦耳的声音会给人一种美的享受。为什么我们会信任优秀的电视节目主持人？原因之一就是，他们拥有一副好嗓子，能够清晰准确、端庄悦耳地表达自己的意思。

那么，如何练就饱满圆润、悦耳动听的声音呢？

第一步是练气。

俗话说，练声先练气。气息是人发声的动力，是发声的基础。气不足，声音软弱无力；用气过猛，又会损伤声带。所以练声，先要学会用气。

具体的做法是：吸气时，深呼吸，小腹收紧，胸部打开，尽可能深地吸气；呼气时，把牙齿合上，留一条小缝，让气息缓缓呼出。这种方法非常适合经常演讲、朗读的人。

第二步是练声。

练声时，首先要放松声带，发一些轻慢的声音，切忌张口大喊大叫，以免损伤声带。

其次，要做一些口腔的准备活动。因为口腔直接关系到声音的洪亮、圆润与否。先进行张闭口练习，活动嚼肌；后练习挺软腭，可以学习鸭子“嘎嘎”叫。

人体还有一个重要的共鸣器，即鼻腔。有人在发音时，只会在喉咙上使劲，基本上没有用上胸腔、鼻腔这两个共鸣器，所以声音单薄、音色较差。练习用鼻腔共鸣的方法是，学习牛叫。但一定要注意，平日说话时，如果只用鼻腔共鸣，也可能造成鼻音太重的结果。

第三步是吐字。

我们平时说出的每一个词、每一句话都是由一个个最基本的语音单位组成，然后加上适当的重音和调整。只有清晰地发出每一个音节，才能清楚明白地表达出自己的思想。

每一个音节都可以分为：字头（声母）、字腹（韵母）、字尾（韵尾）三个部分。

俗话说：咬字千斤重，听者自动容。所以在练习发声时，一定要紧紧咬住字头。具体的做法是嘴唇要有力，把发音的力量放在字头，利用字头带动字腹和字尾。

此外，字腹的发音一定要饱满、充实，口型一定要正确。字尾一定要完整，把音全部发出来，不能发半截音。当然，也不能把声音拖得太长，这样声音就能悦耳动听了。

语调是语言的调节剂

口才技巧

> 语调反映了一个人的情绪和态度，同样一句话，用不同的语调说出来，给人的感觉就会不同。恰当地运用语调，能使谈话更生动、丰富，更吸引人。

所谓语调，即说话的腔调，是指语音上的抑扬顿挫，包括声音的高低变化、说话长短、停顿以及音量的高低等。语调反映了一个人的情绪和态度，同样一句话，用不同的语调说出来，给人的感觉就会不一样。恰当地运用语调，能使谈话更生动、丰富，更吸引人。

有一次，波兰明星摩契斯卡夫人受邀到美国演讲，观众请她用波兰语说台词。摩契斯卡夫人没有让大家失望，她走上讲台，开始用流利的波兰语念台词。她的语调轻松、愉快，观众们虽然听不懂波兰语，但他们的心情和摩契斯卡夫人的语调一样轻松、愉快。

渐渐地，摩契斯卡夫人的语调转为低沉，然后慷慨激昂、悲怆万分。突然，摩契斯卡夫人的声音戛然而止，台下的观众鸦雀无声，陷入悲伤之中。在万籁俱寂中，台下却传来一个男人的笑声，他就是摩契斯卡夫人的丈夫——因为他的夫人刚刚背诵的是九九乘法表！

仅仅是语调的变化，就可以骗过所有的人！由此可见，语调透露的信息远比我们想象的要多得多。即使我们不明白对方的意思，也可以通过语调变化，看清他们内心的真实情感和好恶，他们的性格、家庭背景、受教育程度，判断他们是真诚的还是虚伪的。

反过来，我们也可以通过控制自己的语调，向对方传递不同的信息。那么，怎样才能使我们的语调更加生动、更有说服力呢？以下是三个基本原则：

首先，掌握各种句调。所谓句调，是指一句话中声音的高低变化。根据所要表达的语气和感情的不同，可分为升调、降调、平调、曲调四种。

其次，说话要抑扬顿挫。换句话说，说话时声音要高低起伏，要有停顿、转折。不能一个调说到底，或者一句话说个不停，否则很容易给人单调、枯燥的感觉。

最后，控制说话的轻重快慢。一般来说，重要的内容要说得重一些，不重要的内容可以说得轻一些。根据说话的内容，该轻则轻，该重则重，使你的话听起来抑扬顿挫。

放慢你的语速

口才技巧

语速太快不仅会令对方听不懂，还可能给对方留下紧张、不自信的印象，进而对你所说的话产生怀疑。所以，放慢你的语速，在沟通中是再重要不过的事情了。

在日常生活中，说话太快是很多人的通病，也是导致沟通失败的重要原因之一。语速太快、吐字不清不仅会令对方听不懂，还可能给对方留下紧张、不自信的印象，进而对你所说的话，甚至对你这个人产生怀疑。所以，放慢你的语速，在沟通中是再重要不过的事情了。

在电影《国王的演讲》中，英国国王乔治六世向我们展示了放慢语速的重要性。1939年9月，德军入侵波兰，英国向德国宣战。国王乔治六世希望通过演讲来凝聚人心，鼓舞前线作战部队的士气。然而，他从小患有口吃，尤其在大庭广众之下讲话，更容易紧张。

为了治愈口吃，乔治六世请来语言矫正师罗格。后者针对乔治六世的病症，提出一套简单可行的治疗方案：放慢语速，尤其是在容易卡壳的地方，稍微停顿一下再继续演讲。这个方案很快就收到奇效，乔治六世成功克服口吃，完成了演讲。在演讲中，国王吐字清晰，气势磅礴，全国人民受此鼓舞，士气大振，誓与法西斯德国抗争到底。

罗格的建议得到了心理学的支持。美国密歇根大学心理学家发现，与那些口若悬河、滔滔不绝的人相比，语速缓慢沉稳、会适时停顿的人说服力更强，也更容易成功。这个结论提醒我们，说话时要放慢语速，给对方留出思考的时间，说话太快不利于沟通和理解。

当然，这并不意味着语速越慢越好，具体运用时，应根据不同场景和对象来调整。如果是长篇演讲，从头至尾只用一种语速，像老和尚念经一样，不仅不能吸引对方的注意，反而会令人生厌。所以，控制语速要讲究急缓有致，根据说话的目的和对象及时进行调整。

控制好说话的节奏

口才技巧

日常生活中，大多数人从来不注意说话的节奏。殊不知，控制好说话的节奏，可以让我们的语言更加丰富多彩，这样别人才爱听、喜欢听。

上一节我们讲到，要尽量放慢你的语速。然而，语速也并非越慢越好，而应该根据交谈的目的和对象，不断改变说话的节奏，以便让我们的语言更加生动，这样别人才爱听。

下班途中，小林见地铁里一群年轻学生正在讨论下午的球赛，便问道：“谁赢了？”

“巴西大败西班牙获得冠军。”一学生飞快地答道。

“你说什么？”小林没听清，又问了一遍。

“巴西大败西班牙获得冠军。”那学生又回答了一遍。这次小林听清了，但他还是没明白：到底是巴西打败西班牙获得冠军，还是巴西被打败而西班牙获得冠军呢？

这个学生的回答之所以让小林感到迷惑，是因为他的语速太快，中间没有停顿，所以造成了歧义。这提醒我们，说话不像书面语言，中间有标点符号，它只能通过语速的快慢、声音的高低起伏和停顿，让人们明白句子与句子之间的联系和含义。所以，我们平常说话时，要注意控制自己的节奏。语速不能过快，否则会让对方听不懂，从而造成误解；也不能太慢，尤其当对方是一个急性子时，如果你说话慢吞吞的，对方会很着急，根本没耐心听你说完。

除了语速之外，说话的节奏还包括声音的高低起伏。例如，在肃穆的场合，要用低沉的声音；在轻松的场合，要用欢快的声音；在日常对话中，要用舒缓的声音。

关键时刻要学会停顿

口才技巧

停顿是一种技巧，它为双方提供了短暂的间歇，有助于形成良性互动，真正达到沟通的效果。因此，只有学会了停顿，才能成为真正的说话高手。

生活中，有些人说话叨叨个不停，以为这样才是好口才。但真实的情况是，没有人喜欢这种“机关枪式”的交谈。因此，说话一定要学会停顿，这不仅是一种礼貌的表现，还为交谈双方提供了短暂的间歇，有助于形成良性互动，真正达到沟通的效果。

普列汉诺夫是苏共的创始人之一。有一次，他受邀在瑞士日内瓦演讲。由于异见人士的蓄意破坏，现场秩序十分混乱，不断有人起哄、喧哗。

面对敌人的蓄意挑衅，普列汉诺夫并没有惊慌，而是突然提高音量，冷静地说："如果我们也想以这种方式来同你们斗争，那么，我们来的时候就会……"说到这里，他突然停顿了一下，现场安静了下来，大家都想知道他接下来要说什么。

然而，普列汉诺夫并没有马上开口，而是故意停顿了几秒钟，然后才大声说："当我们来的时候就会带上冷若冰霜的美女！"此言一出，众人全都哄笑起来，大家完全被普列汉诺夫的演讲所吸引，接下来再没有人故意捣乱，演讲十分顺利地进行下去。

没有一点声音，没有任何喝彩，仅仅只是几秒钟的停顿，就平息了一场骚乱，这就是停顿的威力！怪不得有人会说：只有学会了停顿，才能成为真正的说话高手。

突出说话的重点

口才技巧

> 在交谈中，我们可以利用重音来突出说话的重点，以表达内心的情感。这就像人的食指，指示着句子中最主要的词，对方一听立刻心领神会，从而令沟通更加高效。

在口语表达中，人们为了突出说话的重点，常常将某个带有具体目的、可以表现思想感情的词语说得响亮一些，这就是重音。同一个句子，用重音来强调不同的位置，不仅表达的意思不同，给对方造成的心理感受也大不一样。

由于路上堵车，陈莉今天又迟到了。当她走进公司大门时，正好遇见办公室主任。主任看见她，摇了摇头说："你呀——怎么又迟到了？"主任说这话时，"你呀"两个字说得又长又响，重点强调的是她这个人。这语气就像慈祥的长辈，责备中带着几分关切，陈莉听了，心里暖暖的，同时又有些不好意思。她赶紧向主任保证："抱歉。下次我一定早点来。"

刚走到楼上，又碰到主任助理小王。他一见陈莉就说："你呀！怎么又迟到了？"小王说这话时，"又迟到了"这几个字说得又长又响，陈莉听了犹如针扎，一下子就火了，大声说："迟到就迟到，有什么了不起！扣全勤奖金好了。你不过是个助理，恐怕也就这点权力吧？不给你个机会用用，怕是也不舒服。"小王气得脸一阵青、一阵白，半天没回过神来。

同样一句话，主任和小王说出来，效果真是天壤之别，这就是重音的奇妙之处。因为重音不同，对方听出了不同的内容，因而也就有了不同的反应。主任的话，虽然是批评，但听着亲切；相反，小王的话，带有很强的指责意味，令人十分反感。

PSYCHOLOGY

AND ELOQUENCE SKILLS

第2章 肢体语言

善用肢体语言

口才技巧

沟通中，口头表达的内容只占 30%，剩下的 70% 是通过肢体语言来表达的。这意味着，要成为一个沟通高手，必须善用肢体语言。

说到沟通，我们马上会想到“说”，似乎“说”就是沟通的全部。其实，与人沟通，即使不说话，也能通过肢体语言来表达观点。美国人类学家大卫·吉文斯通过观察发现，在日常沟通中，有 70% 的内容来自肢体语言。这意味着，要成为一个沟通高手，就必须善用肢体语言。

1960 年 9 月 23 日，联合国大会在纽约举行。时任苏共中央第一书记的赫鲁晓夫出席会议。轮到英国首相演讲时，坐在听众席上的赫鲁晓夫突然愤怒地抡起拳头，朝桌上重重捶下去，众人都被他的举动吓了一跳，演讲也被迫中断。这时，赫鲁晓夫走上演讲台发表自己的演说，虽然没有翻译，在座的大多数人也不懂俄语，但赫鲁晓夫丰富的表情和有力的手势却向听众传达了一个清晰的信息：他在猛烈抨击西方世界和联合国，尤其是美国。

赫鲁晓夫的演讲是如此令人印象深刻，以至于数十年后，人们依然对此津津乐道。大多数人或许已经忘记当初演讲的内容，但他们清楚地记得赫鲁晓夫丰富的肢体语言。

既然肢体语言如此重要，那么，如何在沟通中很好地运用肢体语言呢？美国谈话专家唐·加博尔为我们总结了一套 SOFTEN 法则，具体如下：

微笑（Smile）

微笑是一种表示友好的姿态，它能够消除对方的心理戒备，让人觉得安全、舒服。但微笑一定要是发自内心的，那种装出来的微笑，只会让人觉得虚伪、不够真诚。

开放（Open）

开放的身体姿势，如摊开双手、张开双臂，能给人坦率、诚实的感觉。相反，双手交叉于后或抱于胸前等封闭的身体姿势，易给人警惕、防备、不容易接近的感觉。

前倾（Forward）

身体向前倾是一种明确的信号，表明你在听对方说话，而且很感兴趣。这个动作不仅可以向对方展示你的尊重，还能够激发对方继续表达的欲望。

语调（Tone）

前面介绍过，沟通时语调扮演着调节剂的角色，有时甚至比内容更重要，声音的高低、语速、声调都会对谈话的效果产生重要的影响。

眼神（Eye）

眼睛是心灵的窗户，透过眼神，我们可以洞察到对方的心理。尤其在交谈时，保持目光接触非常重要，目光游离不定或者将视线移走，都会给人造成心不在焉的不良印象。

点头（Nod）

点头是一种肯定的信号，当我们赞同对方的观点时，通常会下意识地做出这一动作。它可以向对方表明，你正在专注于倾听他的发言，进而激发对方表达的欲望。

用你的眼睛说话

口才技巧

在人际交往中，目光接触是一种重要的交流方式。通过这种方式，你可以向对方传达尊重、信任等信号。有了这样的信号，对方自然会对你心生好感。

在人类的五官中，眼睛是最灵敏的，被誉为心灵的窗户。很多时候，人们的心声不是通过语言来表达，而是通过眼神来实现彼此间的沟通与交流的。毫不夸张地说，眼神交流是感情交流的开始。所以，我们要学会用眼睛来说话，用眼神来传达我们的心声。

康泰公司因业务扩张，招聘销售总监，应聘者如云。经过层层筛选，魏明和周娟两人凭借出色的个人能力，过五关斩六将，杀进了最后一轮面试。

面试由总经理亲自主持。魏明和周娟在面试中的表现旗鼓相当，不分上下。然而，面试一结束，总经理就宣布录用周娟。有人不解地问："两人的资历和能力都相差不大，魏明是硕士，学历还要高一些，为何录用周娟而不录用魏明呢？"

总经理笑着解释道："你们是否注意到，面试时，周娟的眼睛始终注视着我，从她的眼神中，我看到了对领导的尊重和自信。反观魏明，眼神一直游离不定，始终不肯跟我对视，给人感觉缺乏自信，或者对人冷淡。销售总监最重要的能力是与人沟通，对方能够从你的眼神中感受到你的态度，继而判断你的为人。正是这个细节让我选择了周娟。"

总经理的话道出了眼神交流的重要性。那么，在交谈中，如何用你的眼睛说话呢？正确的做法是面带微笑，直视对方，并保持目光接触。

保持开放的身体姿势

口才技巧

很多人交谈时，喜欢将手插在口袋里，或者双臂交叉于胸前。殊不知，这种封闭的身体姿势很容易拒人于千里之外。正确的做法是，保持开放的身体姿势。

很多人交谈时，喜欢将双手插在裤兜里，或者双臂交叉于胸前。殊不知，这种封闭的身体姿势很容易让人联想到防御心理，给人一种拒人于千里之外的感觉。如此一来，你还指望别人与你促膝而谈？所以，在交谈时，保持开放的身体姿势非常重要。

多年前，纽约市政厅曾邀请一位著名人士发表演讲。秘书约翰松代表市政府发表开场白。然而，约翰松是个不善言辞的人，从一开始，听众的反应就不是很热烈。

见此情景，约翰松有点慌乱了。他站在演讲台上，不停地改变身体姿势，双腿一会儿交叉、一会儿分开，一会儿脚尖相对。这些举动引来人们的阵阵哄笑。

因为有人嘲笑，约翰松更加紧张，他下意识地将双臂交叉于胸前，这个带有保护意识的动作激怒了人们，他们大声起哄，现场陷入一片混乱。约翰松最后几乎是被轰下台的。

由此可见，良好的身体姿势在交谈或演讲时有多么重要。

那么，怎样才能保持良好的身体姿势呢？最重要的是，注意你的手和腿的摆放位置：双臂要自然下垂，置于身体两侧，双腿要分开。这是一种开放的姿势，能够彰显你的自信，并有接受对方的倾向。

微笑是最美的语言

口才技巧

微笑是一种开心、顺从的信号。当我们微笑时，仿佛在告诉对方，我们并无恶意。因此，微笑会在对方心里产生积极的正面效应，让对方喜欢上我们。

微笑虽然无声，却是世间最美的语言，它能迅速消除人与人之间的陌生感，沟通心灵，化解矛盾，使人产生安全感、亲切感和信任感。所以，无论面对陌生人，还是亲朋好友，都不要吝惜你的微笑。乔·吉拉德曾经说过，当你微笑时，整个世界也在向你微笑。

威廉·斯坦哈特一开始并不明白这个道理。他在纽约证券交易所工作，结婚18年，他很少对自己的太太微笑，在别人眼里，他就是一个闷闷不乐的人。直到有一天，有人告诉他，微笑能改变一切！于是，他决定试一试。

第二天早上，当他坐下来准备吃早餐时，他微笑着对太太说：“早安，亲爱的！”他太太当时就怔住了。显然，这一突然的举动让她感到惊喜万分！从那天以后，威廉坚持用笑脸来面对太太，而他的家庭生活也因此变得幸福美满，一改过去沉闷乏味的状态。

现在，无论见到电梯管理员，还是地铁售票小姐，或是交易所里素昧平生的陌生人，威廉都会对他们莞尔一笑。而每个见到他的人，也都会礼貌地报之以微笑。很快，他就发现，微笑不但给他带来了良好的人际关系，也给他带来了更高的收入。

一个微笑就改变了一个人的一生，多么神奇的事情啊！更让人惊奇的是，这一切并不需要你付出什么，却能创造奇迹，因为它具有打动世界的力量。因此，与人交谈时，不要吝啬你的笑容，给予他人温暖和鼓励，这样你就会赢得他人的尊重和喜爱。

PSYCHOLOGY

AND ELOQUENCE
SKILLS

第3章
沟通原则

摸透对方的心思

口才技巧

与他人交谈，要做一个善于察言观色的人，准确把握对方的心理。只有这样，才能把话说到对方的心坎上，引起对方的共鸣，从而更愿意接受你的观点。

这个世界上最有力量的语言不是甜言蜜语，不是海誓山盟，而是能够打动人心的话。因此，与他人交谈，要做一个善于察言观色的人，准确把握对方的心理并加以引导。只有这样，才能把话说到对方的心坎儿上，引起对方的共鸣，从而更愿意接受你的观点。

李雯是一家商场专柜的销售人员。这天，店里来了一个时尚靓丽的年轻女孩。她在店里转了一圈，看中一件款式新颖的外套。李雯一边开票一边说："您眼光真好，这件衣服是我们店最好卖的一款，一共进了二十几件，就剩下这最后两件了。"

话音未落，对方突然说："对不起，这件衣服我不要了。"

本想恭维一下，反倒使对方放弃了购买！李雯忙问道："怎么，这款式您不喜欢？"

"有点。"对方客气地答道，说着就准备离开。

李雯立刻意识到，刚才那句恭维话说错了。趁对方还未离开，她赶紧说道："小姐，我们这几款外套是专门为您这样的时尚女士设计的，如果您不满意，请留下宝贵意见。"

"这几款都不错，只是我不太喜欢和别人穿一样的。"女孩解释道。

原来这个女孩不追求时尚，而喜欢标新立异！李雯错就错在没有摸透顾客的心理。与人撞衫是很多年轻女孩的穿衣忌讳，既然这款衣服已经卖出去很多，她自然就不会再买了。

怎么说比说什么更重要

口才技巧

许多人沟通时，往往精于遣词造句，却忽视了怎么说——也就是说话方式的问题。事实上，很多时候，怎么说远比说什么更重要。例如，有的人说话很直，完全不顾及他人的感受；有的人说话带刺，咄咄逼人……在办公室里，我们对这样的情形司空见惯。

“没长眼睛吗？挡我路了。”

“看什么看，我的报表还没做完呢。”

“要不是你拖后腿，我们组就能拿到奖金了。”

上面这些话如果改用温和的语气说出来，效果会大不一样。

“请让一下，我抱着一大摞资料还要去档案室呢。”

“对不起，我的报表还没做完，你等一下看，好吗？”

“如果下个月我们再努力点，就能拿到奖金了。”

由此可见，说话方式在沟通中起着重要作用。同样一句话，用不同的语气说出来，给对方的感受就会不一样，进而产生不同甚至是相反的效果。

周日，孩子去了奶奶家。小凤干完家务活儿，看丈夫在玩电脑，本想亲热一下，结果叫了他好几声也没反应。气呼呼的她一下把电源拔了，大声喊道：“你不玩电脑会死啊？”没想到，丈夫比她更来劲儿，猛拍桌子，臭骂了她一顿，两人随即厮打在一起。

相比小凤，她的闺蜜小霞的做法要聪明得多。周日晚上，她一个人躺在沙发上看电视，丈夫还守在电脑旁。小霞有点生气，但还是控制好自己的情绪，慢慢走到他身边，轻声说道：“亲爱的，别玩了，沙发比鼠标舒服多了。”这一招很灵，丈夫马上关了电脑。

同样的问题，只是因为换了一种说话方式和语气，结果就大相径庭。

生活中，人与人之间很多矛盾都是因为说话不注意引起的。当你的语气流露出愤怒、厌恶时，人们记住的不是你说话的内容，而是你的情绪。因此，如果你想赢得别人的尊重和友谊，请降低嗓门，使用温和的语气，只有这样，人们才愿意接受你说话的内容。

说话要注意场合

口才技巧

说话要注意场合，否则，再好的话题也不会产生好的效果，有时甚至会适得其反。在恰当的场合说得体的话，才能做一个人人欢迎的说话高手。

俗话说：见人说人话，见鬼说鬼话。在什么场合说什么话，这是人们从长期交往实践中总结出来的经验。不同的场合，人们的心情不同，对某个问题的理解也就不一样。同样一句话，在 A 场合被认为是合理的，在 B 场合就可能引起别人的厌恶和反感。

我们都知道，许攸是三国时著名的谋士。官渡之战正是在他的谋划下，曹操才得以击败袁绍，夺得河北之地，可谓功勋卓著。然而，就是这样一位功臣，却因为说话不注意场合得罪了曹操，最终被曹操的部将许褚给杀了。

官渡之战后，许攸跟随曹操平定冀州，自恃有功，常常目中无人，甚至屡次轻慢曹操。在一次聚会中，许攸当着曹操众多部下的面，直呼曹操的小名，并说："阿瞒，若非我献计，你怎能夺得这座城池？"曹操的部将许褚大怒，当即拔刀将其砍杀。

一代才俊，就这样过早离世。许攸的命运让我们想起三国时的另一才子杨修，同样是因为自恃才高，在错误的时间、错误的场合，说了一些不该说的话，最终被曹操赐死。

虽说许攸和杨修的死，曹操负有一定的责任。但恃才傲物，在大庭广众之下对领导不恭不敬，又怎能不惹祸上身呢？从这个意义上来讲，两人的死纯属咎由自取。

所以，说话一定要注意场合，到什么山唱什么歌。庄重场合，说话要严肃认真；轻松场合，说话要轻松幽默。所谓话随境迁，如果跟朋友谈心，你像作报告那样拿腔拿调，或是在别人悲痛时你要贫逗乐，就算不会惹祸上身，也难免招人厌烦。

见什么人说什么话

口才技巧

沟通是一个双向的过程，必须根据不同的对象，选择最适合的说话方式。否则，不但达不到交流的目的，还会造成尴尬的局面。

沟通是个双向的过程，只有看准对象说话，才能把话说到对方心坎儿上，否则，不但达不到交流的目的，还会造成尴尬的局面。

孔子的学生子贡就曾闹过这样的笑话。有一次，孔子带众弟子周游列国，行至某个村庄时，众人停下来吃饭。突然，一匹随行的马挣脱缰绳，跑到农田里吃了别人的庄稼。农夫立即将马扣下，不肯归还。

子贡自认为能言善辩，于是自告奋勇，上前去说服农夫，让其归还马匹。但他满口之乎者也，文绉绉地讲了一大通道理，一直讲到口干舌燥，农夫也丝毫不为所动，甚至还嘲笑他说："你嚼什么舌头呀？我一句都听不懂！"

子贡无奈，只好狼狈而归。这时，另一名新近拜师的弟子说："我去试试吧！"他走到农夫面前，笑着说："你的庄稼不在遥远的东海，我们也不在遥远的西海，我们相隔不远，我的马怎么可能不吃你的庄稼呢？说不定哪天你的牛也会把我的庄稼吃掉，对不对？所以，这些都是经常可能发生的小事，我们应当相互理解才对呀。"

农夫听了，觉得很有道理，二话不说就归还了马。

在这则故事里，子贡之所以失败，是因为他无视对方的身份、背景，自说自话，试想：对方连听都听不懂，又怎么可能接纳你的观点？与之相比，另一名弟子就要聪明得多。

把握好说话的时机

口才技巧

在交谈中，把握好说话的时机很重要。时机对了，一句话重逾千斤；时机不对，口干舌燥也无济于事，甚至还可能引起对方的误会，造成不必要的矛盾。

在交谈中，把握好说话的时机很重要。有些人天生性急，说话像打机关枪，没有耐心听别人说话；有些人沉默不语，该说的时候不说，给人城府很深、人很阴的感觉；有些人说话不过脑子，只顾自己说得痛快，以致得罪了人还不知道。这都是交谈中最容易犯的错误，不仅达不到说话的初衷，还可能引起对方的误会，造成不必要的矛盾。

小琴能言善辩，到酒店上班的第一天，就自信满满，认为接待客人不过是小菜一碟，只要热情、周到，就一定能让客人满意。殊不知，事情远不像她想象中那样简单。

午后，酒店来了两位美籍华侨，小琴微笑着和他们打招呼，然后帮他们拎行李，指引他们进入房间。之后，小琴热情地为他们倒茶，并一一介绍房间的设备。

这时，一位客人说："我们知道了。"但小琴没有反应，依然继续介绍着。另一位客人见状，拿出一张百元大钞递给小琴。小琴一愣，说："对不起，酒店规定，我们不能收小费。"

"那你还在这里做什么？"客人的态度有些生硬。小琴心里很委屈，她的一番好意，却被客人误解为索要小费。于是，匆匆说了句告别的话，就离开了。

从事服务行业，最需要的就是眼力见儿。两位客人经过长途跋涉，又累又乏，他们此时最需要的是好好休息。而小琴却喋喋不休，说个没完没了，自然令客人厌烦。

只有真诚才能打动人

口才技巧

真诚是沟通的第一原则，虽然投机取巧和巧言令色能获得别人的一时好感，但总有一天会被别人揭穿。只有以诚待人，才能取信于别人。

人与人交往，讲究的是真诚，所谓精诚所至，金石为开。如果你连自己都意未明、情未动，言不由衷，又如何去说服别人？所以，沟通要成功，首先要以诚待人，让对方感受到你的热情和诚意，只有这样，才能架起心灵的桥梁，最终实现情感的沟通。

1952年，艾森豪威尔竞选美国总统，年轻的参议员尼克松成为他的竞选搭档。

正当尼克松为竞选四处奔波时，《纽约时报》突然披露了他受贿的丑闻，这给共和党的竞选造成了极为不利的影响。尼克松被迫在全国亿万选民面前做公开声明。

然而，当他走进NBC的演播室前，却突然被告知，助选的高级顾问已提出辞呈。这意味着，共和党和艾森豪威尔在最关键的时刻抛弃了他。

面对突如其来的变故，尼克作出一个大胆的决定：将自己的财务状况，包括负债状况全部公之于众。他详细说明每一分钱的去向，一切听起来都真实可信。

最后，尼克松说："事实上，我太太帕特没有貂皮大衣……还有一件事，我也应该告诉你们：获得大选提名后，确实有人送了我们一件礼物——一只西班牙长耳小狗，那是得克萨斯州的一位选民在得知我们的孩子很想要一只小狗后，送给他们当礼物的。我六岁的小女儿非常喜欢它，因此在这里我要说，无论别人对此事说什么，我都决定留下它。"

尽管尼克松的话非常朴实，没有任何华丽的辞藻，但他却以真诚打动了无数选民的心，他们义无反顾地选择相信他、同情他并支持他，很多共和党的元老都发函电赞扬他，尼克松的声望达到前所未有的高度。可见，真诚是沟通的第一原则，虽然投机取巧和巧言令色能获得别人的一时好感，但总有一天会被别人揭穿。只有以诚待人，才能取信于别人。

管住你的嘴巴

口才技巧

在人际交往中，谨言慎行永远是一条黄金定律。很多人以为，说得多才是好口才，却不知说得越多，出错的概率越大。那些老于世故的人在应酬中往往只说三分话。

在人际交往中，谨言慎行永远是一条黄金定律。所谓祸从口出，历史上因为管不住自己的嘴巴、逞一时口舌之快，最终大祸临头的人数不胜数。

明太祖朱元璋出身贫寒，讨过饭，当过和尚，但他自诩为“真命天子”，所以对这段经历非常忌讳，无人敢提及。有一次，他旧时的穷伙伴来京求见。两人多年未见，朱元璋很高兴。那人一见到朱元璋就跪下，高呼万岁，然后叙旧道：“当年微臣随驾扫荡庐州府，打破罐州城，逼逃汤元帅，拿住豆将军，红孩子挡道，多亏菜将军！”朱元璋回想起当年大家同甘共苦的日子，心情激动，当即下令封赏此人。

消息传开后，当年跟朱元璋一块放牛的儿时伙伴也找上门来讨赏。此人一上殿，就急于表明自己跟朱元璋的关系不一般，他当着众朝臣的面，大声说道：“万岁，您还记得吗？当年我们躲在芦苇荡中，用瓦罐煮偷来的豆子吃。因为大伙争食，打破了瓦罐，汤泼了，豆子撒了一地。您只顾着从地上抓豆子吃，结果喉咙被红草根给卡住了，多亏我出主意，叫您和青菜一起咽下，才将红草根吃进肚子里。”说完，得意扬扬地等着皇帝的封赏。不料，朱元璋大怒，大声喝道：“哪里来的疯子？在这里胡言乱语！推出去斩了！”

逢人只说三分话，不可全抛一片心。朱元璋的这位儿时伙伴，直到临死前，依然不明白这个道理。很多人误以为说得多才是好口才，却不知说得越多，出错的概率越大。因此，那些老于世故的人在应酬中往往只说三分话。这是几千年来老祖宗用鲜血和脑袋写下的忠告。

话不能说得太满

口才技巧

说话是一门艺术，会说话的人，把话说得滴水不漏，不会说话的人，总喜欢把话说得太满，不给自己留一点余地。殊不知，水太满容易溢出，话太满容易失分。

日常生活中，我们常听人说“男人没一个好东西”，或说“女人都不可靠”。事实果真如此吗？显然不是！说话是一门艺术，会说话的人，把话说得滴水不漏，不会说话的人，总喜欢把话说得太满，不给自己留一点余地。殊不知，水太满容易溢出，话太满容易失分。

1811 年，法国皇帝拿破仑对人说：“再过三年，我将是世界的统治者！”谁知道，历史却跟他开了个玩笑，三年后，他不但没成为世界的统治者，反而被流放到了圣赫勒拿岛。

美国一位著名的推销员在谈到自己的成功经验时，讲过一个故事。有一次，他向一家三口推销《幼儿百科全书》时，夸下海口，说凡是孩子提出的问题，这套书都能够解答。“不信的话，”他对那家的孩子说，“你随便提一个问题试试?”结果，孩子毫不客气地问：“上帝乘坐什么牌子的汽车?”推销员一听，顿时哑口无言。从此，他明白了一个道理：话不能说得太绝对，否则等于将自己的退路完全堵死。正是这个道理，帮他获得了事业的成功。

年轻人刚毕业，有点雄心壮志无可厚非，但言谈中一定要把握好度，否则，不但得不到用人单位的赏识，反而会给领导和同事留下坏印象。有一位毕业生到某单位应聘，为了证明自己的价值，不假思索地夸下海口：

“一年内我能为公司创造 200 万元的利润。”然而，他不知道的是，该公司由于业务分散，即使是最牛的销售人员，每年也很难创造 200 万元的利润。结果，当面试官问他实现目标的具体措施时，他顿时哑口无言，最终被淘汰出局。

这是所有年轻人都应该牢记的教训。无论在工作中还是生活中，与人交往切不可把话说得太满，只有这样，才能为自己留有余地，当意外发生时，才能够让自己从容转身。

不要带着情绪说话

口才技巧

交谈时，一定要控制好自己的情绪，千万不能图一时之快，口无遮拦。坏情绪是一柄双刃剑，在你刺伤别人的同时，自己也一定不能幸免。

与人交往，难免会有不愉快的时候，如果因此产生不良的情绪，再说话时就容易口无遮拦。这样的状态非但不利于交流，反而会使矛盾进一步升级。所以，遇到这种情况，最好的办法是暂不开口，等双方的情绪平静后再进行交流，坚持做到情绪不稳不说话。

小华和小芸是一对情侣。两人很相爱，但经常为了一点小事吵架。这不，为了一点盐的问题，两人又吵起来了。

星期天，小芸一早去市场买了很多菜，忙了一上午，一顿丰盛的午餐终于做好了。

“干吗放那么多盐啊？”小华尝了一口说。

“嫌不好吃你就别吃！”小芸没好气地回答，心想：我忙了一上午，你倒好，不帮我不说，还一张口就挑毛病。于是，心中便有了不满的情绪。

“我没嫌不好吃，只是盐吃多了对身体不好。”小华不想吵架，耐心地说道。

“多吃点盐又不会死人！”小芸大声反驳道。小华一听，火气腾地就上来了："你个乌鸦嘴！整天'死'啊'死'的，不会说话啊？"

小芸一听对方骂自己是"乌鸦嘴"，立刻也火了，拿起锅铲就往地上扔，小华大声骂了句"神经病"，然后怒气冲冲地站起身，摔门而去。

为了一点盐的问题，一对恩爱的情侣就大动干戈、出口相骂，实在是不值得。矛盾之所以激化，就因为双方没有控制好自己的情绪，说话比较难听，从而激怒了对方。

运用他人熟悉的语言

口才技巧

说话的目的是为了让对方理解，因此，让别人听得懂是最重要的。真正的沟通高手会想方设法地运用对方熟悉的语言，使其迅速理解自己想说的话。

说话的目的是为了让对方理解，因此，让别人听得懂是最重要的。但有些人为了显示自己的水平，总喜欢说一些晦涩难懂的专业术语。这种做法除了令人生厌外，没有任何好处。真正的沟通高手会想方设法地运用对方熟悉的语言，使其迅速理解自己想说的话。

多年来，约瑟夫·乔特一直是纽约最雄辩的律师。这并不是因为他的话有多么专业，而是因为无论什么场合，他都善于从对方熟悉的话题入手，用对方熟悉的语言来交流。

例如，在陶瓷学校演讲时，他将自己比作陶土，然后通过讲述巴比伦时代以来的陶瓷简史，引起学生的兴趣；在一家钓鱼俱乐部发表就职演说时，他自嘲担任俱乐部主席就如同将一条"怪鱼"放进鱼篓，或许会让他们钓不到鱼，引起对方一阵哄笑；在英国一所学校演讲时，他列举了许多从这所学校毕业的大人物，以此来说明在教育方面，英国远胜于美国。

总之，无论谈话的对象是谁，约瑟夫都能找到对方的兴趣点，然后用对方熟悉的语言来表达自己的意思，而这也是他能够牢牢吸引住听众的重要原因。

事实上，运用他人熟悉的语言，是一切聪明人的做法，因为只有运用对方熟悉的语言、熟悉的情境，才能让对方迅速理解你所说的话，否则就会像鸭同鸡讲那样，永远也达不到沟通的目的。尤其在闲聊时，没有人愿意耗费精力去琢磨你话中的专业词汇，如果一开始你就让别人听不懂，那么你很可能会永远失去与其交流、沟通的机会。

先说结果，后道原委

口才技巧

交谈时，如果光说过程，却迟迟不说结果，会让人更加忐忑不安。正确的做法是先说结果，再道原委，让对方吃下一颗定心丸，这样对方的心里就踏实了。

说话，最大的艺术就在同一句话，你怎么说。有些人说话不讲究顺序，拖拖拉拉讲了一大堆，别人也不知道他在说啥。尤其在传递一个坏消息时，如果光顾着渲染紧急、危险的情况，却迟迟不说结果，最终只会让人心里忐忑不安、更加着急。

一天下午，王经理刚从外面开会回来，助理小陈就匆匆忙忙跑过来，上气不接下气地说："不好了，王经理，我们的货物被扣在海关进不来，说是没有检验检疫报告。"

王经理一听大惊，货物被扣一天，损失高达数万元，要是不能及时向买方交货，按照合同还要支付巨额的违约金。但补办手续也不是一天两天就能搞定的事情，这可怎么办？王经理急得满头大汗。

这时，小陈接着说："王经理，我的话还没说完呢。我有个朋友在检验检疫局工作，我找他帮忙，插了个队，半天就把通关手续补办好了。"说着脸上露出得意的笑容。

谁知道王经理听了，不但没有表扬他，反而火冒三丈，将他狠狠地骂了一顿。

王经理为什么骂小陈？原因不说你也知道。本来是一件有惊无险的事情，却让小陈说得心惊肉跳，心脏不好的人非被他急死不可。其实，只要稍微调整一下顺序，先说结果，再道原委，王经理就用不着着急上火，小陈也不会挨批受训，甚至还会得到领导的赞誉。

先说结果，后道原委，目的是让对方吃下一颗定心丸，告诉他，虽然有惊但却无险，这样对方的心里就踏实了。尤其是开会或向上级汇报时，更要遵循这样的原则。

话不在多而在精

口才技巧

话不在多而在精，一个会说话的人，往往语言精练，句句都能说到别人心坎儿上；不会说话的人，总是满嘴跑火车，说得再多也无济于事，反而让人生厌。

说到口才，很多人误以为说得多才是好口才。殊不知，话不在多而在精，一个会说话的人，往往语言精练，句句都能说到别人心坎儿上；不会说话的人，总是词不达意，满嘴跑火车，说得再多也无济于事，反而让人生厌。林肯的葛底斯堡讲话，被誉为美国历史上最优美的演说，演说词全篇只有10句话，271个字，演说耗时两分钟。

无独有偶，丘吉尔在第二次世界大战期间发表的鼓舞英军士气的演讲也只有四个字。当时，英军在毫无准备的情况下，被德军打了个措手不及。面对节节败退的颓势，为了鼓舞士气，挽救国家命运，丘吉尔决定发表一场演说，以凝聚涣散的军心。

演讲当天，丘吉尔戴着草帽来到军营，在所有士兵的注视下登上讲台。他先将草帽放在讲台上，然后用目光从左到右横扫了整个军营，大声说："永不放弃!"然后，又从右到左横扫了整个军营，大声说："永不放弃!"

此时，全体官兵鸦雀无声，大家都在静静注视着他。最后，丘吉尔面对整个军营，大声喊道："永不放弃，永不放弃，永不放弃，永不放弃!"

在一浪高过一浪的声音中，官兵们变得兴奋起来，他们相互拥抱、鼓励，重新燃起对胜利的渴望。

在丘吉尔的鼓舞下，英军士兵众志成城，接连粉碎了德军的数次进攻。

毫无疑问，这是世界上最短的演讲，但同时也是最震撼人心的演讲。它告诉我们一个道理：精练的语言往往更能打动人心。所以，收起你滔滔不绝的冲动吧！

说话要有的放矢

口才技巧

说话一定要有的放矢，围绕主题，不能漫无目的。如果光顾一时痛快，满嘴跑火车，非但达不到目的，反而会让对方不知所云，甚至引发双方的不快。

说话的目的，是让别人领会我们的意思。如果光顾一时痛快，满嘴跑火车，偏离主题，非但达不到目的，反而会让对方不知所云，有时甚至会闹出笑话、引发冲突。

一天，周阿姨下楼，见邻居老邓蹲在车棚里，一脸沮丧的样子，便问：“怎么啦?”

“自行车被偷了！”老邓懊恼地说。

“这都怪小区的保安。”周阿姨愤愤不平道，“每年交那么多物业费，可东西被偷，他们从来不管。要是在国外，业主还可以起诉他们，要求赔偿。怪不得大家都想出国。对了，现在移民政策放宽了，只要投资就可以申请移民。不成的话，还可以通过技术移民，我一个表弟是工程师，他就是技术移民去了德国。前几天他回国，说今年的世界杯就在德国举行，邀请我去看。我最喜欢劳尔了。劳尔，你知道吧？皇马的球星……”

“什么劳尔？我不知道。我只想知道，今天怎么去上班?”老邓没好气地打断了周阿姨的话。

周阿姨本想安慰老邓，谁知道嘴上没刹住车，话题越扯越远，最后碰了一鼻子灰。

类似周阿姨这样的例子，日常生活中数不胜数。最后的结果，不是闹笑话，就是招人厌烦。因此，说话一定要有的放矢，围绕主题，不能漫无目的，扯得太远。只有这样，才能提高谈话的效率，达到谈话的目的。

不要轻易作出承诺

口才技巧

承诺虽然美好，却不可轻易为之，如果你答应别人，最后却没办到，不仅会伤害别人的感情，也会令你失信于人。因此，不要轻易对别人作出承诺。

生活中，每个人都离不开承诺。当我们向别人承诺时，对我们而言，可能只是简单的一句话，但对别人而言，却是一份希望。因此，承诺虽然美好，却不可轻易为之，如果你答应别人，最后却没办到，不仅会伤害别人的感情，也会令你失信于人。

小黄是某报社的记者。有一天，市郊发生瓦斯爆炸事件，小黄奉领导之命前去采访。应该说，这项任务的难度不小，可当领导问他有没有问题时，小黄却不假思索地拍着胸脯说："放心吧，头儿，保证按时完成任务！"领导满意地点了点头，走开了。

三天后，领导发现小黄一点动静都没有，便追问他任务的最新进展。这时，小黄才老实地回答："不像想象中那么简单。"听了小黄的回答，领导嘴上虽然没说什么，但对他的印象已经大打折扣。最终，由于小黄的耽误，原定的专题报道计划被迫取消。

从那以后，领导再也不敢将重要的任务交给小黄，而小黄也慢慢被领导疏远。

接到任务，本该认真考虑一下，再答应也不迟。可小黄却不假思索，轻易地答应下来，最终因为无法兑现承诺，给领导留下了坏印象。因此，在作承诺时，一定要谨记：

（1）要留有余地。多使用“尽力而为”“我试试看”这样灵活的字眼。

（2）不要马上答应别人。情况总是在变化，当初很容易做到，现在可能有一定的难度。

（3）话不要说得太满。要量力而行，不可作出超过自己能力范围的承诺。

多说“我们”，少说“你们”

口才技巧

每个人都有潜在的自我意识，不愿被别人左右。因此，在人际交往中，要尽量多说“我们”，少说“你们”，让对方觉得你们是同路人，进而打心里认同你的观点。

“我们”和“你们”虽然只有一字之差，但给听者的感觉却完全不同。“我们”让对方觉得你们是同路人，心底的防线会不攻自破，并在不知不觉中认同你的观点。而“你们”让人感觉你的语气中带有指责、教训，让人听了很不舒服，进而排斥、拒绝你的观点。

很多著名的领导和演说家，之所以深受人们爱戴，就是因为在他们的谈话中，始终使用“我们”“大家”这类具有共同意识的字眼，从而在大家心中产生一种共鸣。

局里召开年终总结大会，新局长在会上说：

“这一年，我们的工作成绩是有目共睹的，唯一没有达到市领导要求的，就是安全问题。在上周的安全大检查中，我们局里检查出不少问题，这说明我们的工作还不够细致、不够全面。等整改通知下来后，我们每一位同志都要对照问题好好整改，将安全工作落到实处。只有这样，在下一年的安全大检查中，我们才能一雪前耻、重夺荣誉。”

虽然是一段反省、批评的话，但从新局长口中说出来，却一点也不刺耳。这是因为，新局长的发言用“我们”代替“你们”，让大家听了很舒心，反映出团队之间平等协作、荣辱与共的关系，让下属在心理上产生共鸣，从而形成强大的凝聚力。

每个人都有潜在的自我意识，不愿被别人左右。因此，在人际交往中，要尽量多说“我们”，少说“你们”。尤其面对那些自我意识强的人，更要多说“我们”“大家”这样的字眼。因为越是这样的人，越容易被这种说话策略打动，从而敞开心扉，接纳你的观点。

多说“同时”，少说“但是”

口才技巧

“但是”一词表示转折，人们一旦听到这个词，就会联想到负面含义。无论你前面说了多少好话，都会前功尽弃。正确的做法是，多说“同时”，少说“但是”。

“但是”一词多用于句子的后半段，表示转折。人们一旦听到这个词，就会立刻把注意力放在后半句上。无论你前面说了多少好话，至此都会前功尽弃。例如，“这个女孩身材不错，但是皮肤黑了点。”虽然你首先赞美了女孩的身材，但人们关注的却是她的皮肤黑。

为避免这种情况的发生，有心理学家建议，用“同时”来替换“但是”。两者的区别在于，“同时”含有并列的意思，即使你说出事情的两个方面，但给人的感觉是，这两个方面是平等的，没有轻重之分。因此，它不会给对方造成情绪上的大起大落。

来看下面这个例子。

九岁的乐乐想去游乐场，她对妈妈说：“明天是周末，咱们去游乐场玩好吗?”

妈妈说：“我知道你周末休息，很想出去玩……”乐乐的脸上露出期待的笑容，谁知道接下来，妈妈却突然话锋一转，说：“但是，你要完不成作业，就得待在家里。”本来还兴高采烈的乐乐，马上变得非常沮丧，噘着嘴做作业去了。

人最怕的不是直接被拒绝，而是你给了他点希望，随后又亲手掐灭它。这种从天上掉到地下的感觉最不好受。所以，乐乐在听到妈妈的后半句话时，才会变得很沮丧。其实，妈妈如果考虑到乐乐的感受，她完全可以说："周末是应该出去玩，同时去之前先把作业做完，那就更好了。"听到这样的答复，估计乐乐就会很开心地去做作业。

虽然只是一个简单的替换，给人的感觉却截然不同。由此可见，在日常生活中，如果你想获得他人的好感，那就多说"同时"，少说"但是"吧。

在你的句子里放满东西

口才技巧

与人交谈，最忌讳言之无物，那会让对方昏昏欲睡，打不起精神来。相反，如果你使用形象化的语言，在句子里放满汽车、电视等具体的东西，对方就会变得兴致勃勃。

人们在思考时，总是喜欢清晰具体而非笼统抽象。所以，交谈中尽量不要使用笼统抽象的语句，那会让对方昏昏欲睡，打不起精神来。相反，我们要使用生动具体的语句，让对方的眼前浮现出一幅幅栩栩如生的画面。只有这样，才能引起他们的兴趣，将谈话继续下去。

音乐广场是某市著名的"恋爱角"。傍晚时分，许多青年男女都在这里伫立徘徊，等待着与恋人相会。广场南北各有一个鞋童，都在高声叫喊，招揽顾客。

A 鞋童喊道："擦皮鞋啦，保证又光又亮，叫您满意！"

B 鞋童喊道："约会前，请擦一擦皮鞋，保证又光又亮，叫您满意！"

很快，B 鞋童摊前就排满了等候擦皮鞋的人，而 A 鞋童摊前的顾客却寥寥无几。

究竟是什么原因呢？仔细比较两个鞋童吆喝的内容，我们会发现，虽然两人都承诺保证质量，但 B 鞋童比 A 鞋童多了三个字——"约会前"。

正是这三个字，说到了青年男女的心坎儿上，勾起了他们擦皮鞋的欲望，谁不想穿着一双又光又亮的皮鞋去见恋人呢？

在日常交谈中，最重要的就是抓住对方的心。如果你给对方传递一个生动具体的形象，对方会听得津津有味。如果你说的都是些空洞乏味的东西，对方必然无精打采。所以，在你的句子里，放上汽车、电视等具体的东西吧，那会让你成为人见人爱的谈话高手。

PSYCHOLOGY

AND ELOQUENCE SKILLS

第4章 交际口才

主动打招呼

口才技巧

主动打招呼，虽然只是一个简单的举动，却向别人传递了一种信息——“我眼里有你”，让人感受到你的真诚、友善。试想，有谁会拒绝一个笑脸相迎的人呢？

在我们身边有这样两种人：一种人见到领导、同事，总会微笑着主动打招呼；另一种人则低头通过，甚至远远地绕道而行。这两种人，你更喜欢哪一种？不用问，肯定是前者。事实证明，主动与人打招呼的人更容易博得他人的欢心，拥有良好的人际关系。

王鹏研究生毕业后，进入一家事业单位，他自认为学历高、能力强，从不把别人放在眼里，见到领导、同事从不主动问好。年终评分时，王鹏在全科室排名垫底。

愤愤不平的王鹏，回到家就向老爸发牢骚。父亲心平气和地对他说：“要想拥有良好的工作环境，就要戒除骄躁。这其实并不难，从主动打招呼做起吧，一切都会改变的。”

王鹏半信半疑，但还是照父亲的话去做了。从那以后，他见到领导、同事，就微笑着主动打招呼。大家在办公室聊天时，他也常常凑过去热闹一下。渐渐地，他发现情况真的有了改变。同事不再排斥他，领导也开始重用他，每天上班不再是煎熬，而变成了一种快乐。

主动打招呼，就是这么简单的一个举动，让王鹏的工作和生活发生了根本的变化。因为这个举动向别人传递了一种信息——“我眼里有你”。试想，有谁会拒绝这样的好意呢？所以，要想拥有良好的人际关系，就从主动和人打招呼开始吧。

得体地称呼他人

口才技巧

称呼，就是对人的称谓。如何称呼别人，不仅是礼貌问题，也是态度问题，它反映出谈话双方的关系。得体的称呼令人心情愉悦，气氛融洽，为你的形象加分不少。

说到称呼，很多人不以为然。其实，称呼看似简单，实则暗藏不少学问。如何称呼别人，不仅是礼貌问题，也是态度问题，它反映出谈话双方的关系。得体的称呼令人心情愉悦，气氛融洽；不得体的称呼令人心生不快，同时破坏现场气氛，甚至使交谈陷入僵局。

生活中就有不少人，因为不恰当地称呼别人，结果引来麻烦。

老李因为得罪前老板，跳槽到另一家公司。上班第一天，他发现所在部门的经理竟然是自己以前的下属。为了套近乎，老李一口一个“小钱”，完全没察觉到对方的脸色不对。

事后，有同事善意地提醒老李改改称呼，老李却不以为然道：“以前都是这么叫的，习惯了。再说他比我年轻，总不至于叫‘老钱’吧?”说完，兀自笑了起来。

果然，过了没多久，老李就被“下放”到公司远在某偏僻小镇的销售点。老李一气之下又辞掉了工作。令他没想到的是，这一切都是称呼惹的祸。

生活中，像老李这样不注意称呼语的人很多。他们行事鲁莽，不注重细节，最终惹祸上身。那么，面对不同的人，该如何得体地称呼对方呢?以下方法值得借鉴。

如何称呼陌生人

一般来说，称呼陌生人有两种方法：一是用通称，即根据对方的职业、性别、年龄等，称“先生”“女士”“师傅”等；二是以亲属称谓相呼，如“大姐”“大伯”等。

如何称呼熟人

对于熟人，可根据亲属的性别、年龄、身份等来称呼，如“赵叔叔”“张阿姨”。朋友或同学之间，还可以加上“老”“小”等词，以显示亲切，如“老张”“小李”等。

如何称呼同事

对于同事，可以职务相称呼，并在前面加上姓氏，如“王经理”“孙处长”等。此外，还可以根据行业的性质来称呼，如“周医生”“冯律师”等。

说好第一句话

口才技巧

无论是初次相识的陌生人、久别重逢的老同学，还是远道而来的亲戚，说好第一句话都至关重要。这不但决定了谈话的内容和气氛，还能够打开对方的心扉。

我们都知道，第一印象很重要，因为它关系到别人对你的评价。而说好第一句话，是给别人留下良好印象的关键。尤其是在面对陌生人时，精彩的开场白不但决定了谈话的内容和气氛，而且还能够打破初次交往的心理障碍，使谈话顺利地进行下去。

然而，很多人将口无遮拦理解为率真爽朗，以至于得罪了别人自己还不知道。

小菲是一家服装店的导购员。第一天上班的时候，走进来一位体形偏胖的女士，小菲赶紧迎上去说：“对不起，我们这里不卖孕妇服。”

“你说什么？谁是孕妇？”女士很不高兴地瞪了她一眼。小菲这才明白过来，赶紧解释说：“对不起，你肚子那么大，我还以为怀孕七八个月了呢。”

顾客一听更生气了，大声说：“你这人会不会说话？就你这样还做导购呢？”说完气呼呼地走了。小菲委屈地说：“我不过说了几句实话而已，至于发这么大的火吗？”

不仅是陌生人，很多夫妻也因为没说好第一句话，造成生活中的许多不开心。

一天，陈杰下班回家，进门的第一句话就是："这家里怎么乱得跟猪窝似的?"

妻子一听就火了，你觉得像猪窝就别回来呀。其实，在陈杰回家之前，妻子已经忙了一整天，又是洗衣服，又是擦门窗，累得腰酸背疼，本想等丈夫回家后邀个功呢，谁知道却平白无故遭到丈夫的一番责备，其心里的憋屈可想而知。

很多人认为，在亲人或朋友面前可以随意一点，想说什么说什么，没必要顾忌太多。其实，这是一种误解。不是所有的实话都让人喜欢，有些实话很容易伤人自尊。因此，在你开口之前，一定要顾及对方的感受。否则，一开口便让人心生不快，甚至火冒三丈。

以寒暄作为铺垫

口才技巧

两人见面时，如果直奔主题，未免显得有些突兀。此时，就需要嘘寒问暖说几句客套话，在彼此之间架起一座桥梁，从而使交谈顺利进行下去。

寒暄是交谈的润滑剂。两人见面时，如果直奔主题，未免显得有些突兀，尤其是陌生人之间，没有寒暄作为铺垫，交谈很容易陷入僵局。此时，就需要嘘寒问暖说点客套话，例如谈谈天气、问候一下近况等，在彼此之间架起一座桥梁，从而使交谈顺利进行下去。

1984 年 9 月，中英两国在钓鱼台国宾馆举行第 22 次会议，商讨香港回归事宜。会议刚开始，中方代表周南便和英方代表伊文思寒暄起来。周南说："现在已经是秋天。我记得大使先生是春天来的，现已经历了春天、夏天、秋天三个季节——秋天可是收获的季节啊。"

中英有关香港问题的谈判前后历时两年多，其过程可谓艰辛而漫长。

在此次会议前，双方已经过数十轮的正式会谈和非正式接触，大家都期待有个圆满的结果。然而，周南并没有急于进入主题，而是巧妙地利用秋天的象征意义，暗示对方：秋天是收获的季节，我们在香港主权谈判问题上也应该有个结果了吧？这段寒暄意味深长，不但表达了中方诚恳的态度、殷切的希望和坚定的决心，也为即将展开的正式谈判做好了铺垫。

假如没有这段寒暄，谈判将直接进入剑拔弩张的阶段，不利于双方达成共赢的方案。由此可见，寒暄虽然单调、空洞，但绝非可有可无，它如同农夫播种前对土地的翻垦，是一项重要的准备工作。有了寒暄作为铺垫，双方就能够迅速建立起轻松的谈话气氛。

牢记他人的名字

口才技巧

记住别人的名字，是对别人最好的恭维和赞赏；忘记别人的名字，或者拼写错误，则会使你陷入极端的被动之中。因此，从现在开始，用心记住别人的名字吧！

每个人都渴望被人尊重，而记住别人的名字，就是对他人最大的尊重，同时也是最好的恭维和赞赏。美国钢铁大王安德鲁·卡内基早在 10 岁时，就明白了这个浅显的道理。

那一年，卡内基养了一只母兔。没过多久，这只母兔就生下了很多只小兔。兔宝宝们虽然可爱，但草料却成了问题。怎么办？卡内基想到了一个妙招。他把小伙伴们召集起来，告诉他们，谁认养了小兔，就用谁的名字给小兔命名。

这一招果然灵验。很快，小伙伴们就开始争先恐后地给小兔找草料，而且草料越来越好。

这次经历让卡内基认识到：每个人对自己的名字都很在意，记住别人的名字，就是对别人最好的恭维。多年后，卡内基正是凭借这个简单的道理，广积人脉，最终成为钢铁大王。对此，他不无感慨地说：“牢记他人的名字是一种既简单又重要的获取好感的方法。”

世界上很多著名的领导者，例如新中国第一任总理周恩来、美国邮政总局局长吉姆·法里、法国国王拿破仑三世等，都深知名字的重要性。周恩来能够准确叫出与自己只有一面之缘的人的名字，吉姆·法里能说出上万人的名字，而拿破仑三世则声称：凡是和他见过面的人，他都能记住对方的名字。

既然名字如此重要，那我们又该如何记住他人的名字呢？拿破仑三世的方法是，在交谈中反复提到对方的名字。如果要记的名字太多，或者对方的名字太烦琐，不妨找个本子，记在纸上，反复默念，直至烂熟于胸，然后把纸撕掉。总之，只要你有心，就不会记不住。

学会找话题

口才技巧

好的话题是交谈的基础，也是人与人交往的开始。有些人认为，这是没话找话。其实，没话找话也是一种本领，只有掌握这种本领，才能在人际交往中游刃有余。

与陌生人交往，经常会遇到无话可说的情况。几句寒暄后，大家开始面面相觑，其情形之尴尬，令人无所适从。每当这个时候，你是不是特别渴望成为一个话题高手呢？

好的话题是交谈的基础，也是人与人交往的开始。一个健谈的人往往善于找话题，因为好的话题可以活跃气氛，消除陌生感，拉近彼此间的距离。有些人认为，这是没话找话。其实，没话找话也是一种说话的本领，掌握了这种本领，就可以在人际交往中游刃有余。

杨鹏年纪不大，朋友却很多。之所以如此，一个重要的原因是，他善于找话题，在会谈遭遇冷场的时候，迅速找到大家都感兴趣的话题，让气氛一下子活跃起来。

有一次，杨鹏去参加一个青年志愿者活动，由于主办方的人还没到，一群人就在会议室里等着。大家彼此不熟悉，你看着我，我看着你，没有人说话，气氛有些尴尬。这时，杨鹏突然问："我女朋友让我买周杰伦的新专辑，我忘记名字了。你们有谁知道?"

"是《青花瓷》吧?"有人不确定地回答。

"不是，这只是其中一首歌的名字，专辑名称是《我很忙》。"另一人更正道。

"不过我觉得里面最好听的还是《青花瓷》。"又有人接话说。

就这样，大家的话匣子被打开，七嘴八舌地议论起周杰伦的歌来。

年轻人没有不知道周杰伦的，提到他谁都能说两句，要是说不上来，就表示落伍了。杨鹏正是抓住了这个特点，找到了话题，从而巧妙地打破冷场，让大家畅所欲言。

那么，如何学会找话题呢? 方法很多，触景生情、攀亲认故、借题发挥等都是不错的方法。比如，最常见的谈论天气，在任何场合都适用，轻松、自然，不露痕迹。再比如，针对具体的场景，即兴引出话题。如果你了解对方的兴趣，还可以此发问，顺利进入话题。

用闲谈拉近双方的距离

口才技巧

初次见面的陌生人，常常因为拘谨而陷入面面相觑的尴尬境地。而闲聊能够迅速拉近双方的关系，消除彼此间的陌生感，让两个毫不相干的陌生人很快成为朋友。

闲谈，顾名思义，就是轻松、随意的聊天或谈话。初次见面的陌生人，常常因为拘谨而陷入面面相觑的尴尬境地。这个时候，闲谈就成为迅速拉近双方关系的方法，它看似漫无目的，却能够在瞬间消除陌生感，让两个毫不相干的陌生人很快成为朋友。

富兰克林·罗斯福在担任美国总统前是一位有名的律师，很多人都认识他，而他并不认识对方。这有时会让他很尴尬，但很快他就找到一种迅速与他人建立友谊的方法——闲聊。

在一次宴会上，罗斯福感觉大家都认识他，但却对他很冷淡，他想这或许是自己不认识他们的缘故吧。那么，怎样才能改变这种局面呢？罗斯福思索片刻，有了主意。

他请身边的希尔伯特博士帮了个忙，让他给自己介绍与会者的大致情况，包括他们的姓名、性格、兴趣和特殊嗜好，等等。然后，罗斯福主动走过去，喊出他们的名字，谈论他们感兴趣的话题。这些人原本就对罗斯福心存敬意，再加上此番交谈，更是对罗斯福赞不绝口。

后来，他们不但成了罗斯福的好朋友，还在总统竞选期间，成为他有力的支持者。

一次私人宴会，让罗斯福结识了不少朋友，可见闲聊在人际交往中的重要性。不过，闲聊虽好，却有两点需要注意：⑴不要将闲聊当成炫耀的舞台。⑵最好是大家熟悉，又与双方无多大关系的话题，尤其注意不能涉及对方的隐私，否则可能会引起对方反感。

让对方多说话

口才技巧

> 会说是银，会听是金。交谈时，让对方多说话，自己做听众，效果比口若悬河要好得多。因为让别人说话，可以满足对方的表现欲，从而建立起对你的好感。

很多人为了说服对方，总喜欢侃侃而谈，一旦逮到机会，就口若悬河、滔滔不绝，将两人甚至多人间的对话变成一个人表演的舞台。殊不知，无休止的话只会让别人反感。

其实，交谈的时候，把机会让给别人，让对方多说话，自己做听众，效果比口若悬河要好得多。因为让别人说话，不仅可以满足对方的表现欲，还能让对方体会到你对他们的尊重和信赖，从而建立起对你的好感，双方的交流也更加愉快。

一家大型汽车公司要购买一批原材料，在看过所有的样品后，最终给三家企业发去了招标函，希望从中选择一家原材料供应商。

作为 A 企业的代表，张健为此次投标作了充足准备。不料招标前夕，他突然嗓子发炎，疼得说不出话来。会上，看到对手侃侃而谈，而自己却说不出话来，他不禁心急如焚。无奈之下，他只好将自己的材料展示在电脑屏幕上，恳请招标方就自己的样品发表意见。在后续的环节中，他始终面带微笑，认真地倾听，并不时做出表示认同和感谢的手势。

会后，张健沮丧地回到单位，心想这次投标肯定没戏了。然而，让他感到意外的是，几天后，招标方打来电话，说经过几轮评选，该公司最终决定选择 A 企业作为供应商。对此，招标方的解释是，他们从张健的电脑资料中，了解到更多有关产品性能和质量的信息。

张健的经历可谓因祸得福，它同时也说明一个道理：会听是金，会说是银。在交谈中，把机会让给别人，让对方多说话，反而会获得意想不到的效果。因此，要想成为人人欢迎的说话高手，请记住：让对方多说话，没有人喜欢滔滔不绝的话篓子。

倾听是对他人最好的恭维

口才技巧

> 在所有的沟通技巧里，最容易被人们忽视的莫过于倾听。我们都认为自己的声音最重要，我们也都迫不及待地想要表达自己。可是我们却忘了，沟通是双向的，没有沉默，就没有沟通。在这种情况下，友善的倾听者自然就成为最受欢迎的人。

在人际交往中，人们总是急于表达自己，以为这是最好的沟通方式。殊不知，倾听才是掌握他人内心世界的第一步。大量的事实表明，人际关系的失败很多时候不是因为你说了什么，而是因为你听得太少。

1927 年，德怀特·莫罗被柯立芝总统任命为美国驻墨西哥大使，在此之前，他只是摩根的一位合伙人，从未涉足过政治。而当时的墨西哥战乱不断，政府更迭频繁，去那里当大使可谓是一件苦差事。因此，对于莫罗来说，赢得墨西哥总统卡列斯的好感至关重要。

那么，如何在第一次见面时就给卡列斯留下好印象呢？莫罗陷入了沉思。最终，他决定使用一个简单的策略。结果，他成功了！卡列斯在会后对莫罗赞不绝口，他甚至对自己的朋友说，这才是真正进退有据的大使。

莫罗究竟对卡列斯说了些什么？又是什么样的策略，让卡列斯对他赞誉有加呢？答案是倾听，积极地倾听！事实上，在整个会谈期间，莫罗几乎一言不发，他只是静静地倾听总统的发言，偶尔称赞一下厨师的技艺，吃了几块饼干，抽了一根雪茄。仅此而已！

这就是沉默的伟大力量。著名心理学家古德曼曾经说过：没有沉默，就没有沟通。卡列斯总统之所以如此称赞莫罗，就是因为莫罗使用了一个策略：让他人掌握话语权。他诱使卡列斯开口说话，并以倾听来表示自己的兴趣和尊重，这让卡列斯的自尊心得到了极大的满足，自然就对他产生了好感。难怪有人会说，倾听是对他人最好的恭维。

重复他人说出的词语

口才技巧

> 在谈话中，适时地重复他人说出的词语，能够迅速赢得对方的好感。这是因为，当你重复对方说出的词语时，对方能够感受到你的诚意和尊重。

在谈话中，适时地重复他人说出的词语，能够迅速赢得对方的好感和信任，从而建立起亲密关系。这是因为，当你重复对方说出的词语时，对方能够感受到你的诚意和尊重。有了这个基础，双方就能够开诚布公地展开对话，从而实现真诚的沟通。

对此，著名非语言沟通大师乔·纳瓦罗深有感触。纳瓦罗在美国联邦调查局（FBI）任职长达25年，期间接触过很多逃犯。有一次，他负责处理一桩联邦逃犯的案件。在亚利桑那州的金曼逮捕嫌疑犯后，对方向纳瓦罗讲述了自己的人生经历。

细心的纳瓦罗注意到，嫌疑犯在讲述中反复提及“难堪”“尴尬”“担心”“一个好的基督徒”等词语。为了获得对方的信任，他告诉嫌疑犯，自己非常理解他的处境，在被捕的那一刻，每个人都会感到难堪、尴尬。作为一个好的基督徒，他担心嫌疑犯的妈妈接受不了。

就这样，通过重复对方说出的词语，纳瓦罗很快获得了嫌疑犯的信任，还没等到达目的地，嫌疑犯就表示愿意全力协助他工作，并向他提供了很多有价值的线索。

在这个案例里，嫌疑犯之所以对纳瓦罗言听计从，是因为纳瓦罗巧妙地运用语言模仿策略，重复对方说出的词语，由此打开对方的心扉，使其在言语和心理上感到安慰和愉快。

不要轻易打断别人的话

口才技巧

在交谈中，随便打断别人的话是一种非常无礼的行为，甚至比说话啰唆的人更令人生厌。因此，如果你想获得别人的好感，就不要轻易打断别人的话。

当你正在讲话时，突然有人打断了你，你的心中一定很不愉快。然而，现实生活中，却偏偏有很多这样的人，他们只关注自己的感受，随便打断别人的话。这是一种非常无礼的行为，很容易给对方留下不好的印象。著名思想家培根曾经说过：打断别人、乱插话的人，甚至比发言冗长者更令人生厌。因此，如果你想获得别人的好感，请不要轻易打断别人的话。

有一次，美国主持人林克莱特在节目中访问了一个小男孩。

他问小男孩：“你长大后想做什么呀？”小男孩天真地回答道：“我想当飞行员！”林克莱特接着问：“如果有一天，飞机在太平洋上空熄火了，你会怎么办？”小男孩想了想，说道：“我会告诉飞机上的乘客系好安全带，然后带上降落伞先跳下去。”

全场观众顿时笑得前仰后合，林克莱特继续注视着这个小男孩，想知道他是不是自作聪明的家伙。然而，令人惊愕的是，小男孩的眼泪突然夺眶而出。于是，他问小男孩：“你为什么要这么做?”小男孩大声地说道：“我要回去拿燃料，我还要回来！我还要回来!”

直到这个时候，林克莱特和观众才意识到，他们完全误解了小男孩的意思。

每个人都有表达自己想法的权力，但前提是，你必须尊重对方的感受，不可随心所欲地打断别人，或者抢别人的话题，否则不但容易产生误会，还会引起对方的不快。在这个故事里，那些自以为是的大人们，就用笑声打断了小男孩的解释，严重伤害了孩子的自尊。

听出对方的弦外之音

口才技巧

与人沟通，不仅要听字面的意思，还要听出对方的言外之意。只有这样，你才能领会对方的真实意图，从而作出正确的反应。

中国人说话讲究含蓄，要表达的意思，不直接说出来，而是通过话里有话，委婉地表达出来。这就要求倾听者仔细揣摩，不仅要听字面的意思，还要听出对方的言外之意。只有这样，你才能领会对方的真实意图，从而作出正确的反应。

小艾来公司半年了。说起老板，她总是赞不绝口：宽容、体贴、善解人意。小艾每次送报表，老板总是笑眯眯地说：“不错，年轻人刚毕业就做成这样，已经很不错了。”小艾听了很高兴，跟朋友夸下海口：“老板这么赏识我，很快就会给我加薪升职的。”

然而，事情并不像小艾想象的那样，一年过去了，小艾既没有加薪，也没有升职。

春节后，公司又来了新的大学生。有一次，小艾去老板办公室送报表，听见老板对新来的小琴说：“不错，年轻人刚毕业就做成这样，已经很不错了。”小艾微微一笑，心想：老板真不错，对每个新人都这样宽容。但紧接着，她听见小琴诚恳地对老板说：“老板，我是个新人，还有很多不懂的地方。假如有不足之处，请您一定多多指教。”结果出乎小艾的预料，老板果真给她提了几点意见。看着老板的笑脸，小艾突然明白了许多。

老板的话其实自有深意：你是新人，没有经验，要多请教，才能做得更好。但小艾却没有听出老板的弦外之音，一厢情愿不要紧，还浪费了许多宝贵时间。所以说，无论在工作还是生活中，正确领会对方的意图，听出对方的弦外之音，才是沟通的第一要诀。

学会说场面话

口才技巧

很多人认为，场面话假大空，都是用来敷衍别人的，对此不屑一顾。然而，交际高手却将它视为人气倍增的利器、一种高超的应酬技巧和生存智慧。

所谓场面话，就是社交场合的应酬话，其目的只有一个，就是让别人高兴，让大家觉得有面子。很多人认为，场面话假大空，都是用来敷衍别人的，对此不屑一顾。然而，交际高手却将它视为人气倍增的利器、一种高超的应酬技巧和生存智慧。

老曹是一个善于说场面话的高手。有一次，老板为了庆祝公司销售额大幅提升，请大家到一家高档酒店吃饭。由于老板平时比较严肃，所以大家都有些拘谨，酒桌上的气氛怎么也活跃不起来。眼看就要冷场，老板的脸上挂不住，老曹赶忙站起来说：“今年销售额大幅提升是在座每一位的功劳。依我看，在专业知识方面，你们每个人都比老板内行。”

众人一听愣住了，不知道老曹葫芦里卖的是什么药。老板更是脸一沉，紧盯着老曹，看他接下来要说什么。只见老曹微微一笑，接着说：

“但专业知识懂得再多，也离不开领路的人，否则就像没头的苍蝇一样，找不到出路。老板就是我们的领路人，我们是在他的英明领导下才取得今天这样的辉煌成就的。所以我提议，大家一起来敬老板一杯！”

大家都被逗笑了，老板也面露喜色，人们纷纷向老板敬酒，气氛很快就活跃起来。

如果不是老曹及时救场，以漂亮的场面话调动现场气氛，庆功会恐怕就要冷场了。由此可见，场面话在很多时候必不可少，如果你想成为说话高手，一定要学会说场面话。

那么，怎样才能说好场面话呢？其实，说难很难，说简单也简单，说好场面话只需两个字——赞美。例如，去别人家做客或赴宴时，要感谢主人的邀请，并盛赞菜肴的丰盛；参加会议，如有机会发言，要称赞会议准备得很周详、很贴心。如此，必能赢得对方的欢心。

宁做喜鹊，不做乌鸦

口才技巧

人们都喜欢听好话，当别人遇到高兴的事情时，如果你开口就故意挑刺、恶意贬损，对方会对你产生反感甚至憎恶。所以，在人际交往中，宁做喜鹊，不做乌鸦。

每个人都喜欢听好话，当别人遇到高兴的事情时，如果你能适时地说上几句吉利话，对方会如同听到“喜鹊唱枝头”一样，喜不自禁。然而，如果你这个人不识趣，开口就故意挑刺、恶意贬损，对方会如同听到“乌鸦头上叫”一样，对你产生反感甚至憎恶。

星期一早上，办公室的黄阿姨刚到单位，就兴奋地宣布：“我女儿的托福成绩出来了，考了620分！”脸上洋溢着自豪感，似乎在等待众人的祝贺。

话音刚落，张琴就说：“620分算什么，我家隔壁老王的儿子还考了650分呢。”

黄阿姨一听这话，脸上立刻由晴转阴。陈琳一看气氛不对，连忙大声说："黄阿姨，您女儿还在读大三吧？托福就考 620 分，可真了不起！我表弟都读大四了，才考了 590 分。您女儿可真棒！等她出国时，您可要请客哦！大家说，好不好？"

"好！"大家都笑着附和道，随后纷纷围到黄阿姨身边，向她表示祝贺。黄阿姨被赞扬和祝福声包围着，脸上笑开了花。而张琴却被大家冷落在一旁，甭提有多尴尬了。

一个长着"乌鸦嘴"的人，总是故意挑刺，贬损他人，令人扫兴；而一个长着"喜鹊嘴"的人，总是报喜传捷，制造欢乐，令人愉悦。所以，在人际交往中，宁做喜鹊，不做乌鸦。

让对方表现得比你优越

口才技巧

在这个世界上，没有人会喜欢你的炫耀。如果你总是表现得比别人优越，那只会招致别人的妒忌和敌意。要想赢得友谊，你就必须让对方表现得比你优越。

生活中，我们总喜欢在别人面前吹嘘自己的成就和财富，或者与别人争得面红耳赤，只为了证明自己比别人更优越。殊不知，没有人喜欢我们的优越感，除了我们自己。

法国哲学家罗西法古曾经说过："如果你要得到仇人，就表现得比你的朋友优越吧；如果你要得到朋友，就要让你的朋友表现得比你优越。"

NBA 著名球星迈克尔·乔丹用自己的行动，很好地诠释了这句话。

当年乔丹在公牛队时，皮蓬是最有希望超越乔丹的新秀，他时常对乔丹流露出一副不屑的神态，还经常说乔丹不如自己。作为队内的老大哥，乔丹并没有因此而记恨，反而时时处处鼓励、帮助这位小弟。

有一次，乔丹问皮蓬："咱俩谁的三分投得好？"皮蓬心有不悦，随口答道："明知故问，当然是你了。"谁知道，乔丹却坚定地说："不，是你！

你的动作规范、自然，很有潜力，而我的三分还有很多不足。”接着，他又说道：“我扣篮用右手，而你左右手都可以。”这个细节就连皮蓬自己也没有注意到，他彻底被乔丹的谦逊征服了。

从那以后，乔丹和皮蓬成了最好的朋友，他们珠联璧合，率领公牛队创下了辉煌的战绩。而乔丹也以他精湛的球技和高尚的人格赢得了球迷的广泛赞誉。

坦白讲，以乔丹当时在队内的地位，要打压皮蓬并非难事。然而，乔丹并没有那样做。相反，他满足了皮蓬的优越感，让他觉得自己很重要。更难能可贵的是，他对皮蓬的赞美是发自内心的，因为他发现了皮蓬身上最大的优点，那就是技术全面。而这一切，来自于他对皮蓬的关注和欣赏。

我们设想一下，如果当时乔丹在皮蓬面前处处表现出自己的优越感，那么，后来我们看到的或许就不是联盟的最佳搭档，而是两个反目成仇的敌人。

适当吐露自己的隐私

口才技巧

我们总是担心隐私泄露，会给自己带来麻烦。然而，心理学家却告诉我们，适当地吐露自己的隐私，不但不会损害我们的形象，反而能够赢得对方的信任和好感。

生活中，我们大多习惯隐藏自己的缺陷，唯恐过多吐露隐私，会给自己带来麻烦。然而心理学家却告诉我们，适当地吐露自己的隐私，不但不会损害我们的形象，反而能够赢得对方的信任和好感。亨利食品公司董事长亨利·霍金斯对此深有感触。

有一次，他无意中发现公司往食品里添加的保鲜剂有毒，虽然毒性不大，但如果长期食用也会对人体产生危害。得知这个事实后，霍金斯陷入了沉思。公布真相，势必会引发市场的骚乱，甚至会导致公司破产；隐匿真相，又面临良心的谴责。怎么办？经过一番思想斗争后，霍金斯最终选择向公众宣布：保鲜剂有毒，长期食用对人体有害。

霍金斯的话音刚落，立刻就招致同行们的口诛笔伐和联合抵制。然而，就在公司濒临倒闭之际，政府和消费者却站了出来，因为所有人都坚信，像这样宁愿倒闭也要将真相告知公众的企业，还有什么让人不放心的呢？结果，亨利食品不但没有在这场风暴中轰然倒地，反而在消费者的热烈拥戴下，成功坐上了美国食品加工业的头把交椅！

像霍金斯这样，主动向别人吐露隐私或真相的做法，在心理学上称为自我暴露。这个概念最早由心理学家西德尼·朱拉德于 1958 年提出。朱拉德通过一系列实验证明，自我暴露会增加受欢迎的程度。这个道理其实不难理解。人之相交，贵在交心，如果你主动向对方敞开心扉，无疑是一种示好。作为回报，对方自然也会邀请你进入他们的内心世界。

失意人前莫说得意话

口才技巧

人际交往，最重要的就是学会换位思考，保持一颗同理心。当你得意时，千万不要被胜利冲昏头脑，只顾自我炫耀，不顾及他人感受。否则，别人会渐渐疏远你。

人在得意时，难免意气风发，逢人便夸自己如何能干，如何富有。然而，不管你有多么渴望与人分享自己的成功，也不可忽视他人的感受，说不定他们正处于人生低谷，你的话不但得不到他们的认同，反而会刺痛他们最敏感的神经，伤及自尊，最终逐渐疏远你。

宋浩就是因为不注意，在失意人前谈得意事，与好朋友王凯反目成仇的。那天，宋浩约了几个哥们在自己家聚会，因为不久前刚做成一笔大生意，赚了不少钱，心情舒畅，他忍不住在众人面前夸耀起来，完全忘了被冷落在一旁的好朋友王凯。

王凯最近做生意亏了本，老婆也为此正和他闹离婚，正处于人生和事业的低谷。哥几个都知道王凯目前的处境，尽量避免谈及此事。可宋浩正在兴头上，浑然不觉，依旧大谈他的生意经和得意史。旁人连连使眼色也不管用，王凯的脸色越来越阴沉。

终于，王凯忍不住了，站起来说："你们喝吧，我先走了。"说完拂袖而去。有人提醒宋浩，他刚才的话刺激了王凯，宋浩却不以为然地说："连这点刺激都受不了，难怪在商场上混不下去。"这话刚好被返回来拿外套的王凯听见，两人当场就撕破了脸，从此不相往来。

人际交往，最重要的就是学会换位思考，保持一颗同理心。当你得意时，千万不要被胜利冲昏了头脑，只顾自我炫耀，不顾及他人感受。否则，像宋浩那样的结局就在所难免了。

即使知道，也别急着抢答

口才技巧

人生不是有奖竞猜，就算你答对了，也没有奖金，何必事事抢风头？多一些谦恭和忍耐，把表现的机会让给别人，你不会因此失去什么，反而会赢得别人的好感。

生活中，有些人为了显示自己有才，什么问题都抢着回答，完全不考虑对方是否需要或者乐意让你来回答。更有甚者，对方刚说了两句，还没提到重点，就抢先将对方想要表达的观点说出来，令对方无所适从，尴尬万分，想好的话题也无法再继续下去。

这样的人总让人生厌，说得难听点，就是不识相，或者不识趣。如果你有这样的习惯，务必改之，否则时间长了，大家都不愿和你多接触，渐渐将你排除在谈话的圈子之外。

在一次同学聚会上，老A正眉飞色舞地给大家讲冷笑话："你们猜，在所有的卡通人物中，王菲最愿意把钱借给谁？"

大家摇头晃脑，猜了半天都没猜到。老A一脸得意地看着他们。

就在老A准备揭开谜底时，小王却哈哈大笑起来："我知道，我儿子给我讲过，是小熊维尼！”说着他情不自禁地唱起来，“我愿意为你（维尼），我愿意为你（维尼）……”

小王正暗自得意，突然发现老 A 一脸阴霾。原来老 A 准备借这个笑话，向大家介绍自己新结识的女朋友，并让她在大伙面前一展歌喉的，不料全被小王给搅和了。

人生不是有奖竞猜，就算你答对了，也没有奖金，何必事事争先、抢风头？多一些谦恭和忍耐，把表现的机会让给别人，你不会因此失去什么，反而会赢得别人的好感，何乐而不为呢？退一步来讲，假如你碰到一个高手，故意在题中设下陷阱，而你却处处抢先回答，说不定会自曝己短、出乖露丑，惹得他人嘲笑。所以，不抢答有时也是保护自己的一种方式。

永远不要说“你错了”

口才技巧

与人争辩，没有人是赢家。即使你在辩论中赢了，你还是输了。没有人会轻易改变自己的主意。因此，与人争辩，除了让对方心生怨恨之外，不会给你带来任何东西。

生活中，我们经常为了某件小事，和别人争得面红耳赤，甚至将对方批得体无完肤，只为了证明自己是对的。可是，这又能怎样呢？没有人会轻易改变自己的主意，即使你在辩论中赢了，对方也未必服气。而你呢，除了收获一份怨恨，还有什么？

卡耐基年轻的时候，是一个热衷于辩论的人。有一次，他到伦敦参加晚宴。席间，坐在他右边的嘉宾讲了一段很幽默的故事，其中提到一句话时，他说这句话出自《圣经》。

《圣经》？不可能！卡耐基心想，他明明记得出自莎士比亚的某部作品。为了体现自己的优越感，卡耐基想都没想，就当场予以反驳。可以想象，对方听到后会是什么反应。

他立刻争辩道：“什么？莎士比亚？不可能，绝对不可能，那句话出自《圣经》……”

两人很快就陷入了争执中。巧的是，弗兰克·格蒙就坐在卡耐基的左边。他是卡耐基的老朋友，对莎翁的作品了如指掌。为了公平起见，两人决定请格蒙来评判谁输谁赢。

这个时候，令人意想不到的事情发生了。格蒙先是用脚踢了一下卡耐基，然后说道：“戴尔，是你错了……这位先生说得对，那句话确实出自《圣经》!”

卡耐基当时就蒙了，他不知道格蒙为何要这样做。晚宴结束后，卡耐基不解地问格蒙：“你明知道那句话出自莎士比亚的作品，却为何偏偏说我错了?”

格蒙回答道：“是的，没错，那句话出自莎士比亚。可是，戴尔，我们是来参加晚宴的，不是来争辩的。为何非要当着众人的面，证明那位先生错了？这样做，对你有什么好处？再说，那位先生也没征求你的意见啊。最后，我想说的是，戴尔，永远避免正面的冲突。”

格蒙的一番话，令卡耐基如梦初醒。回顾多年来，自己参加过的数千场辩论，有哪一场自己真正赢过？即使辩论赢了，可结果还是输了，因为你失去了对方的友谊。

替别人打圆场

口才技巧

打圆场不是刻意的奉承，也不是圆滑的诡辩，它是一种说话的艺术。当矛盾双方陷入尴尬境地时，如果你能够挺身而出，替他们打圆场，对方一定会深深地感激你。

在人际交往中，人们常常因为一些小事争吵不休，或者因为某些不当的言行而陷入尴尬境地。此时，如果你能够急中生智，想办法替他们打圆场、解围，及时化解他们的误会，使其从困境中脱身，那么，对方一定会深深感激你，日后势必会想方设法报答你。

情人节那天，小朱请女朋友菲菲到餐厅吃饭。菲菲是四川人，平时最爱吃“蚂蚁上树”这道菜，每次到饭店吃饭，必点这道菜，今天也不例外。

然而，当服务员把菜送上来时，菲菲的脸却沉了下来。原来盘子里尽是粉丝，一点肉末都没有。她指着盘子假装不懂地问：“这道菜叫什么名字呀?”

“‘蚂蚁上树’。”服务员答道。

“那怎么只见‘树’，不见‘蚂蚁’呀?”菲菲气鼓鼓地问。

服务员被问得一时语塞，窘迫不已。小朱一看服务员下不了台，忙打圆场：“蚂蚁今天可能太累了，还没爬上树来。你去通知一下厨房，叫他们换一盘爬得快的‘蚂蚁’。”

菲菲“扑哧”一下笑出声来，服务员如释重负，赶紧端着盘子走了。没过多久，她就给小朱和女友端来满满一大盘地道的“蚂蚁上树”。

在这场纠纷中，小朱的调解极为关键，他就像一个救火队员，在双方剑拔弩张之际，及时送上台阶，既帮助服务员摆脱了尴尬，也舒缓了紧张的气氛。可见，打圆场不是不着边际的奉承，也不是油腔滑调的诡辩，它是一种说话的艺术。

值得注意的是，打圆场一定要公平、公正，不偏袒任何一方，只有这样才能让双方心悦诚服，接受你的劝解和解围。否则，不但无法化解尴尬，甚至还可能引火烧身。

玩笑不要开过头

口才技巧

> 在人际交往中，开个得体的玩笑，不但可以活跃气氛，还能拉近彼此间的距离，可谓一举两得。然而，开玩笑也要掌握好分寸，切不可将玩笑当作取笑他人的工具。

在人际交往中，开个得体的玩笑，不但可以松弛神经，活跃气氛，还能拉近彼此间的距离，所以那些爱开玩笑的人，总是特别有人缘。然而，凡事过犹不及，开玩笑也要掌握好分寸，做到含蓄得体，点到为止，切不可将玩笑当作取笑他人的工具，打着开玩笑的名义，行挖苦、讽刺之实，到头来不但伤害了对方的感情，也使自己陷入异常尴尬的境地。

小郭生性活泼，爱开玩笑，经常拿办公室的同事开涮。邻桌的小赵爱玩游戏，甚至上班时间也不忘“操练”一把。小郭为了逗乐，总是用“局长来了”来吓唬他。

这天，小郭见小赵打游戏正入迷，冲着他大喊一声：“还打呢，局长来了!”这一嗓子把小赵吓得差点没从椅子上掉下来，本来想关掉游戏，情急之下，却按了电脑重启键，忘了保存刚写好的投标书。小郭正窃笑，一抬头，看见局长真的走进了办公室。

“你刚才说什么?”局长一脸狐疑地盯着他。

“没……没什么。”小郭结结巴巴说不出话来。

事后，小赵因为丢失重要文件，迁怒于小郭，两人的关系急剧降温。更倒霉的是，局长在会上点名批评了小郭，说他上班不专心，专门盯领导的梢，还给同事通风报信。小郭有口难辩，知道这下自己在领导心目中的形象是彻底毁了。

在这个故事里，小郭开玩笑不懂得把握分寸，不仅伤害了同事间的感情，还给自己带来无尽的烦恼，真是得不偿失。小郭的教训告诉我们，与人开玩笑，一定要懂得适可而止，要因人、因时、因环境、因内容而定，不要图一时之快，到头来伤人伤己，后悔莫及。

不懂装懂，是做人的大忌

口才技巧

> 没有人是无所不知的，不懂的事情虚心请教，会得到大家的理解；相反，不懂装懂的人，只会让别人反感。所以，在人际交往中，一定要谨言慎行，切忌不懂装懂。

因为好面子，不懂装懂，这是很多人的通病。这些人没有过人的智慧，却装出一副什么都知道的样子，借此来抬高自己的身价。殊不知，这样做不但得不到他人的尊敬，反而会让别人敬而远之。所以，在人际交往中，一定要谨言慎行，切忌不懂装懂。

丁总是北方人，经常去南方做生意。由于人生地不熟，很多事情不明白，但他好面子，从来不肯向别人请教。相反，总是不懂装懂，结果闹出了不少笑话。

有一次，他去一客户家吃饭，主人端上一盘菱角。他从来没见过这东西，更没吃过，但他怕别人笑他没见过世面，便顺手拿起一只，放进嘴里嚼。主人见了，诧异地说："这菱角要剥壳后才好吃。"

丁总知道自己搞错了，却不肯承认，故意狡辩道："我刚到南方，有些水土不服，这东西的壳倒是清热去火的良药。"

"这我倒是头一次听说。"主人说，"看来你对这东西很了解。你们北方也有菱角吗？"

"那当然，山前山后到处都是。"丁总不假思索地答道。

众人听了，全都捂着嘴偷偷地笑。

稍微有点常识的人都知道，菱角是长在水里的，怎么可能山前山后到处都是？丁总不懂装懂，本想争点面子，谁知却争来了嘲笑。没有人是无所不知的，不懂的事情虚心请教，会得到大家的理解；相反，不懂装懂的人，只会让别人反感，得不到对方的尊敬。

摒弃不良的口头禅

口才技巧

口头禅会影响别人对我们的看法。尤其是不良的口头禅，不但会损害我们的形象，还会令对方心生不快，甚至产生误解。所以，在人际交往中，一定要坚决摒弃不良的口头禅。

"烦死了""真没劲！"……生活中，这样的口头禅随处可见，它的形成与个人的性格、生活遭遇或精神状态有关，既是个人的标志，也会影响别人对我们的看法。尤其是不良的口头禅，不但会损害我们的形象，还会令对方不快，所以，在人际交往中一定要坚决摒弃。

刘洋就因为一句不起眼的口头禅，差点坏了大事。

最近，公司新来的一位副总在召开办公室会议时，给刘洋布置了一项统计任务，并责令他三天完成。说实话，这项任务比较复杂，三天时间的确很紧张，于是刘洋想都没想，直接来了句："别搞笑了！"没想到副总勃然大怒："搞什么笑？谁跟你搞笑？这是工作！你想干就干，不想干我另请高明！"一句话把刘洋骂得狗血淋头，不敢再吱声。

其实，刘洋的本意是向副总表明工作难度，多要几天时间。可嘴里却偏偏蹦出一句不良的口头禅，这在平时可能会被当成玩笑话，但在领导布置任务时，这样的话无疑让人感觉语带讽刺和嘲笑，作为副总，对如此藐视自己权威的下属，自然是不会手下留情的。

最终，刘洋不得不加班加点完成任务，同时还给副总留下了很不好的印象。

刘洋因口头禅惹祸上身的教训可谓深刻。那么，生活中，哪些口头禅是我们应该坚决摒弃的呢？一般来说，主要有三类：

（1）粗话、脏话。例如，"他妈的""丫的"，这类口头禅会让你显得很粗俗。

（2）消极口头禅。例如，"烦死了""真没劲"，这类口头禅会让你显得很消极。

（3）命令口头禅。例如，"你明白吗""我跟你讲"，这类口头禅给人盛气凌人、颐指气使的感觉，让人心生反感，会渐渐疏远你、冷落你。

PSYCHOLOGY

AND ELOQUENCE SKILLS

第5章 解难口才

自嘲是最好的解难武器

口才技巧

面对生活中的窘境，很多人要么束手无策，要么情绪失控。然而，聪明的人却知道，自嘲才是最好的解难武器。他们拿自己开涮，既愉悦了别人，又摆脱了窘境。

生活中，谁都难免遇到点尴尬事。当我们身处这样的窘境时，如何应对才能显得既得体又大方呢？很多聪明人选择了自嘲，他们拿自己开涮，对糗事不但不予遮掩、躲避，反而巧妙地加以引申、发挥，自圆其说，既愉悦了别人，又摆脱了窘境。

1969 年 7 月，美国阿波罗 11 号飞船首次在月球登陆。宇航员阿姆斯特朗率先出舱，成为踏上月球的第一人，受到媒体和民众的追捧。而他的同伴奥尔德林却没有这么幸运。与阿姆斯特朗相比，奥尔德林在人们眼中只不过是一个默默无闻之辈。

记者招待会上，有人问奥尔德林："你会不会觉得很遗憾，由阿姆斯特朗先下去的？"

现场的气氛顿时变得很尴尬，连阿姆斯特朗也显得很不自然。但奥尔德林的脸上却丝毫看不出沮丧，他轻松地开着玩笑："你可知道，当我们返回地球时，第一个走出太空舱的可是我啊！照这样说，我难道不是从别的星球踏上地球的第一人吗？"

话音未落，全场爆发出雷鸣般的掌声。面对不知趣的记者，奥尔德林并没有回避，反而通过自嘲，彰显了自己的睿智和大度，其淡泊名利的态度令人赞叹。

类似奥尔德林这样的尴尬，我们每个人都可能碰到。每当这个时候，我们总是习惯反唇相讥，试图以此来摆脱窘境。然而，这种做法不但不奏效，反而会引起对方更大的反弹。大量的事实告诉我们，面对他人的攻击和责难，自嘲才是最好的解难武器。

学会踢皮球，让对方来接招

口才技巧

> 在言谈过程中，当对方的问题很刁钻，不好正面回答时，最好的策略也许是把问题顺势踢还给对方，让对方来接招。只有这样，你才能扭转败局，变被动为主动。

在言谈过程中，当对方的问题很刁钻，不好正面回答时，最好的策略也许是把问题顺势踢还给对方，从而扭转被动的局面。著名外交家基辛格博士就曾运用这种策略，巧妙地拒绝了记者有关核潜艇数量的敏感性提问。

1972 年 5 月，美苏两国在莫斯科举行高峰会谈，讨论并签署了限制战略核武器协定。会后，美方代表基辛格在其下榻的宾馆召开了记者招待会。基辛格透露："苏联每年大约能生产 250 枚导弹。"

这个时候，敏感的美联社记者突然接过话题，问道："我们美国的情况呢？有多少导弹配置了分导式多弹头？又有多少艘核潜艇？"

这属于国家机密，自然不便向外界透露。不过，基辛格并没有直接拒绝对方，而是耸了耸肩，然后无奈地答道："很抱歉，我不知道美国有多少导弹配置了分导式多弹头。不过，核潜艇的数量我倒是知道的，只是我不清楚这是否属于保密的内容。"

记者听罢，兴奋异常，不假思索地答道："不是保密的。"

基辛格马上反问道："不是保密的吗？那你告诉我是多少？"记者愣了一下，方才醒悟，自己中了基辛格的圈套，只好一笑了之。

面对记者咄咄逼人的提问，基辛格佯装不知情，故意把问题踢还给对方。表面上看，他是在暗示对方，只要政策允许，就可以公布内情，实则是引记者上钩。当对方迫不及待给出答案时，一道无解难题也随之摆在他面前，基辛格就此摆脱了对方的纠缠。

转移话题，顾左右而言他

口才技巧

有时候，当谈论的话题对我们不利时，转移话题无疑是一种有效的拒绝方法。这样可以转移别人的注意力，平息别人的怒气，避免正面的冲突，维护双方的面子。

生活中，我们经常面对别人的无理要求，或者不便回答的问题。这个时候，直接拒绝对方，只会令局面变得尴尬。与之相比，转移话题无疑是一种有效的拒绝方法，它可以转移别人的注意力，平息别人的怒气，避免正面的冲突，维护双方的面子。

在一次宴会上，法国皇帝拿破仑就运用这种策略，委婉拒绝了奥地利王后路易莎有关归还领土的要求。当时，拿破仑正在与俄皇亚历山大一世会晤，碰巧路易莎王后也在场。于是，路易莎王后想利用这个机会，向拿破仑要回被侵占的领土马格德堡。

双方一见面，路易莎就称赞拿破仑的头长得像恺撒，然后直接提出自己的要求。吃到嘴里的肉，岂肯轻易吐出来？不过，拿破仑也不好当面拒绝，于是故意把话题岔开："夫人的衣服真好看，再配上如此身材，更是相得益彰。"路易莎识破了他的把戏，遂反问道："在这种场合下，难道我们要拿时装做话题吗？"接着，再次提出自己的要求，态度之诚恳，令拿破仑无法不心动。就在此时，奥地利国王进来了，拿破仑也冷静了下来。

宴会结束后，拿破仑特意送了路易莎一朵玫瑰花。路易莎灵机一动，借势问道："我可不可以理解为这是一种友谊的象征，你已经答应了我的请求？"拿破仑故技重施，用一句无关痛痒的话，引开了话题："这花跟夫人一样美丽！"路易莎最终失望而归。

拿破仑三番五次转移话题，令路易莎王后的要求如泥牛入海，真可谓打太极的高手。

避实就虚，只谈无关紧要的事情

口才技巧

当别人提出的问题很棘手，或者不怀好意，或者不便回答时，我们要学会避实就虚，巧妙地回答对方的问题，让对方的要求如泥牛入海，从而避免陷入尴尬的境地。

有时候，当别人提出的问题很棘手，或者不怀好意时，如果我们勉强回答，不但会失分，甚至还可能闹笑话。在这种情况下，我们要学会避实就虚，巧妙地回答对方的问题，让对方的要求如泥牛入海，从而避免陷入尴尬的境地。

清代大学士刘墉就是个聪明机敏的人。有一次，乾隆皇帝突然问他一个怪问题："京城共有多少人?"刘墉虽然有些猝不及防，但还是很镇定地答道："两个人。"乾隆问道："此话怎讲?"刘墉不紧不慢地答道："人再多，也只有男人和女人两种，岂不是两个人?"

乾隆又问："今年京城里有几人出生？有几人去世?"刘墉答道："只有一个人出生，却有十二个人去世。"乾隆问道："此话何解?"刘墉答道："今年出生的人再多，也都是一个属相，岂不是只有一个人出生？去世的人却分属不同的生肖，岂不是有十二个人去世?"

乾隆听罢，哈哈大笑，对刘墉的妙答深以为然。刘墉的聪明之处在于，他并没有正面回答乾隆的提问，而是通过故意曲解，巧妙地避开了问题的实质，从而化解了对方的攻势。

避实就虚还有一种形式，即不正面回答对方的问题，而用模棱两可的话来作答。例如面试时，雇主问你："你以前的月薪是多少?"对此，最好的回答不是直陈事实，也不是刻意回避，而是告诉他："以前的薪水不重要，关键是我的工作能力。如果给我机会，我一定会证明给您看。"这样可将对方的注意力转移到其他方面，而不再纠缠于原来的问题。

偷换概念，曲解对方的原意

口才技巧

> 面对他人的责难时，可通过偷换概念的方式，故意曲解对方的真实意图，从而达到回避问题、化解矛盾的目的。

我们都知道，语言具有不确定性和模糊性，同样一句话，在不同的语境下，可以有不同的理解。正是这个特征，让我们面对他人的责难时，可以通过偷换概念的方式，故意曲解对方的真实意图，从而达到回避问题、化解矛盾的目的。

新中国成立后，不少西方记者对这个新生政权怀有敌意，不断在公开场合向周恩来总理发难。有一次，一位西方记者不怀好意地问："请问总理先生，中国人民银行有多少货币?"

当时，新中国刚刚成立。对方如此提问，一来想嘲笑中国贫穷，二来想借机打探国家机密。对此，周恩来总理心知肚明，只见他眉头一皱，很快答道："18 元 8 角 8 分。"

大家一愣，总理接着说："中国人民银行发行的人民币，面额分别为 10 元、5 元、2 元、1 元、5 角、2 角、1 角、5 分、2 分、1 分，合计为 18 元 8 角 8 分。中国人民银行有全国人民做后盾，实力雄厚，信用卓著，人民币是世界上最有信誉的货币。"

全场顿时响起雷鸣般的掌声。周总理故意回避问题的实质，通过偷换概念，用"总面额"代替"总金额"，不但化解了窘境，同时维护了现场的和谐气氛，令全场为之折服。

以其人之道，还治其人之身

口才技巧

面对别人的刁难，我们不妨通过模仿对方的语言，造出一个结构相似但语义相反的词句来攻击对方，令对方哑巴吃黄连——有苦说不出。

面对别人的刁难，我们不妨通过模仿对方的语言，造出一个结构相似但语义相反的词句来攻击对方，以其人之道还治其人之身，这种做法叫作仿拟术。仿拟术虽然话不多，却非常精妙，足以一招致命，让对方搬起石头砸自己的脚，自作自受。

一位著名女作家正在自己的新书签售会上为读者签名售书，突然，一位因求婚被拒于是对她耿耿于怀的评论家当众大声质疑道："您这本书确实非常精彩，但不知道是谁替您写的，您能否透露一下这个秘密？"

听到这样的质疑，喧闹的人群突然安静下来，大家都目不转睛地看着女作家。机智的女作家立即意识到，如果当众争吵，反而对自己不利。于是，她调整了一下情绪，笑意盈盈地说："您能来参加我的新书签售会并对我的作品发表如此独到的评论，我衷心地感激，并感到十分荣幸！但不知道您能否告诉我，这本书是谁替您读的？"

话音刚落，围观的读者们发出善意的哄笑声，评论家十分尴尬，只好狼狈而逃。

评论家出言挑衅，其用意十分明显：你的作品不是自己写的，有什么资格在这里签名售书？而女作家则针锋相对，模仿对方的话，有力地还击了对方：你的书也不是自己看的，又有什么资格在这里对别人的作品说三道四？如此精妙的反问令评论家无言以对。

分散对方的攻击目标

口才技巧

在交谈中，当对方揪住你的某一缺点不放时，不要与其正面辩论，那只会让对方的目标更明确。相反，要想方设法转移话题，使对方失去准星，只得悻悻作罢。

在交谈中，如果对方死死揪住你的某一缺点不放，令你毫无招架之力，那么，最好的脱身办法就是分散对方攻击的目标，故意用其他不重要的内容来转移对方的话题，令其攻击的威力大减，甚至因为失去目标而草草收兵。

三木武吉是日本保守派政治领袖，纵横日本政坛数十年。他以过人的口才和随机应变的能力而著称，至今仍为人们津津乐道。

在一次严肃的政治会议上，一位在野党议员向三木武吉发起凌厉的攻势："身为公职人员，应当为人表率，可你三木武吉却金屋藏娇，一人娶了四房姨太太，简直太过分了！"

"不，你说错了。"三木武吉一本正经地说，"我一共娶了五位姨太太，而不是四位。这位先生一定是文员出身，所以算术不太好，而且还很健忘。当年我娶第五位姨太太时，不是给您寄过一张烫金的请柬吗？难道你这么快就忘记了？"

众人哈哈大笑，那位议员的声音也被淹没在笑声中，全然失去了咄咄逼人的攻势。

面对政敌的抨击，三木武吉并没有因为缺点被暴露而失态，而是冷静地分析了形势，用幽默风趣的语言来吸引人们的注意力，分散了对方攻击的目标，令大家在笑声中忘记那位议员攻击的内容，从而巧妙地摧毁对方蓄谋已久的攻击目标，将自己从困境中解脱出来。

比对方更荒谬

口才技巧

> 生活中，难免会遇到他人的故意刁难。对此，我们可以运用归谬法，先假定对方的观点是正确的，然后再对其加以引申、推论，进而得出荒谬的结论，以此来驳斥对方。

生活中，难免会遇到他人的故意刁难。面对这种情况，我们该怎么办呢？针锋相对，只会引发更大的矛盾；一味忍让，又显得我们软弱可欺。对此，最有效的方法就是以谬归谬，用对方的观点来反驳对方，从而使其落入自己设下的圈套，搬起石头砸了自己的脚。

在美国独立初期的一次制宪会议上，有个议员提议应该在宪法上增加这样的条款：常规部队在任何时候不得超过5000人。

对于普通的纳税人而言，这当然不是什么坏消息，毕竟部队规模越小，纳税人所需承担的税负就越少。然而，对于整个国家而言，5000人规模的部队显然太小了。身为美国总统，华盛顿必须站在国家安全的层面上来考虑问题。可是，他该如何拒绝对方的提议呢？

直接驳斥对方？那只会激起对方的抗拒情绪。这是华盛顿不愿见到的。于是，他稍作思考后，平静地说道："这位先生的提议很好。不过，我认为还应该加上一条：侵略美国的军队，任何时候不得超过3000人。"该议员听罢，顿时哑口无言，没了脾气。

妙哉！面对目光短浅的议员，华盛顿没有断然否定，而是假定对方的观点是对的，然后在此基础上，推论出"侵略美国的军队，任何时候不得超过3000人"的荒谬条款。只要稍有常识的人都知道，任何一国都无权干涉他国军队的人数规模。既然如此，美国却要在自己的宪法里作茧自缚，这显然荒诞不经，也是站不住脚的。该议员的观点由此不攻自破。

穿凿附会，把讲不通的道理讲通

口才技巧

生活中，当你遇到尴尬的局面，不知道该如何应对时，不妨将两件不相干的事情放在一起，然后通过生拉硬扯的解释，把原本讲不通的道理讲通，从而摆脱困境。

所谓穿凿附会，就是把两件不相干的事情放在一起，然后通过生拉硬扯的解释，把原本讲不通的道理讲通。这看起来牵强，却是化解尴尬、制造幽默的良方之一。

“相约星期六”是上海一档著名的婚恋节目，由程雷、倪琳主持。有一次，来了一位韩法混血的女嘉宾，她虽然学过中文，但并不精通。在被问到对心仪男嘉宾的印象时，她在留言板上写下了这样几个字：“又有气质，又很商量。”

倪琳一看，乐了，问她：“什么叫‘很商量’呀?”

女嘉宾有些尴尬，赶紧解释说：“就是 shàn liáng 啊，是不是我写错了?”原来她想写“善良”，因为谐音，却误写成了“商量”。

见此情形，程雷立刻接过话头：“你写得没错。凡是善良的人，都懂得与人商量。”

女嘉宾如释重负地笑了，台下的观众也为程雷的机智、善解人意而爆发出一阵喝彩。

“善良”和“商量”除了读音相近，其含义并无关联。而程雷却通过巧妙的解释，将两者硬生生地联系在一起，虽然牵强，却别有风味，充分体现了他处处为人着想的善心。

迂回曲折，小话套大话

口才技巧

有时候，直来直往并不能取得良好的交谈效果，反而会使自己身陷泥潭。这个时候，就需要随机应变，采取迂回曲折的策略，机智地应对各种尴尬局面。

在人际交往中，有时候直来直往并不能取得良好的交谈效果，反而会使自己身陷泥潭。这个时候，就需要随机应变，采取迂回曲折的策略，机智地应对各种尴尬局面。

古代一位宰相请理发师为自己理发。理到一半时，理发师突然不动了，两眼直愣愣地盯着宰相的肚皮看。宰相奇怪地问："你老看我的肚皮做什么？"理发师回答："总听人说'宰相肚里能撑船'，可今天看见大人的肚子也不算大啊，怎么可能放得下一条船呢？"

宰相听了哈哈大笑："那只是一个比喻，说明宰相气量大，不会为小事而斤斤计较。"

话音未落，理发师"扑通"一声跪倒在地，连连叩头道："大人，您大人有大量，饶恕小的一回。刚才我帮您修面时，不小心将您的眉毛刮掉了。"

宰相一听，正要发怒，但一想到自己刚才说过的话，立刻忍住了。话已经说出去了，如果此时治理发师的罪，不就是自己打自己的耳光吗？于是，只好装出无所谓的样子，大度地笑道："没关系，你去拿笔帮我画上就可以了。"

就这样，理发师急中生智，用小话套出宰相的大话，从而使自己逃过了一劫。

小话套大话通常分两个部分：前面是套问，即用自己的话套出对方的话；后面是陈情，即直言相告自己的目的。上文中理发师的问话就是套问，而跪地向宰相求饶便是陈情。因为有大话在前，对方一般不好再拒绝你的陈情，这样你的目的也就达到了。

颠倒语序出新意

口才技巧

> 现实生活中，如果有人说话颠三倒四，无疑会遭人耻笑。但如果是为了达到某种目的而故意颠倒语序或句序，却能表达出另一番深意，令人耳目一新。

现实生活中，如果有人说话颠三倒四，无疑会遭人耻笑。但如果是为了达到某种目的而故意颠倒语序或句序，却能表达出另一番深意，令人耳目一新。

一位神父为了考察两位牧师对上帝是否忠心，便问他们："你们做祷告时抽烟吗?"

牧师 A 回答："我做祷告时抽烟。"结果遭到神父的训斥。

牧师 B 回答："我抽烟时做祷告。"结果获得神父的赞赏。

仔细揣摩，两个牧师的意思其实完全一致，只不过因为语序不同，给人的感觉完全不一样。牧师 A 的回答让人感觉，他做祷告时竟然还在抽烟，真是对上帝的大不敬；而牧师 B 的回答却让人感觉，他抽烟时竟然还想着向上帝祷告，真是上帝的虔诚信徒。

这就是颠倒语序的神奇之处！千万别小看这一技巧，有时候它甚至能拯救上百条人命。

新中国成立前夕，国民党特务在昆明逮捕了近百名爱国人士。为了拯救这些爱国人士，时任云南省主席的卢汉将军发电报给蒋介石为他们说情。谁知蒋介石坚决要杀，回电说："情有可原，罪无可恕。"卢汉看了，赶紧拿着电报求救于李根源先生。

李先生略加思索，提笔将电文改为："罪无可恕，情有可原。"只是简单的语序颠倒，意思完全变了。军统头目看过电文后，将其理解为"这些人虽然罪无可恕，但有你卢先生为他们说情，只好赦免"，于是立即下令放了这些爱国人士。

蒋介石知道后大为光火，但他也不确定是否自己口述时搞错了顺序，于是只得作罢。

耐心听完对方的抱怨

口才技巧

当别人对我们心怀不满或愤怒不已时，最好的办法是闭上嘴巴，耐心听完对方的抱怨，以表示自己愿意了解、尊重他们。这样做，他们心里的怒气就会慢慢消失。

当别人反对我们，或者对我们心存不满时，最聪明的办法是，一开始就让对方说出反对意见。这需要我们闭上嘴巴，竖起耳朵来听。只有这样，才能够了解对方的真实意图，表达我们的理解和尊重，从而更好地平息对方的怨气。

布鲁莫是西部电力公司的经理。当他还是纽约电话公司的一名普通调查员时，曾经受命去处理一件棘手的事情：平复一名暴怒的旅馆主人对电话公司的不满情绪。

当对方得知布鲁莫的来意后，愤怒就像火山一样喷发出来。布鲁莫并没有急于解释，也没有试图安抚这个情绪失控的老人，而是静静地站在一边，耐心地倾听对方喋喋不休的抱怨和指责。当老人将所有对电话公司的不满发泄出来后，他看见站在一旁的布鲁莫，似乎意识到了什么，拍拍布鲁莫的肩膀说："年轻人，虽然我很讨厌这家公司，但那并不是针对你。"

"我明白，"布鲁莫说，"但如果您对电话公司不满意的话，我是无法回去交差的。"

"好，我答应你，以后再也不向你们公司写投诉信了。"

老人言出必行，果真再也没写过投诉信。而布鲁莫也从这次经历中悟出一个道理：耐心听完对方的抱怨，让他将愤怒的情绪发泄出来，这样才有利于问题的解决。

PSYCHOLOGY

AND ELOQUENCE
SKILLS

第6章
幽默口才

用夸张制造荒诞效果

口才技巧

与其他的幽默方法相比，夸张更容易令人出其不意，更具有喜剧效果。因为夸张不是如实表述，而是荒诞、离奇，甚至耸人听闻。越是如此，就越能引人发笑。

夸张是一种常见的幽默手法，常让人忍俊不禁，因其包含了不协调，能给平凡的生活增添不平凡的色彩，从而产生强烈的幽默感。在电影和相声里，人们经常用这种手法来营造幽默效果，而很多历史名人也擅长用这种手法来针砭时弊、暗讽他人，或者自嘲解围。

有一次，马克·吐温乘火车外出，火车开得很慢，让人十分不耐烦。这时，一位检票员过来查票，看到马克·吐温出示的是一张儿童票，便用嘲讽的口吻说："天哪，我真的没看出来，您竟然还是个孩子。"

马克·吐温听了，不温不火地说："我现在当然不是儿童，不过你们的火车开得太慢，我买票上车的时候还是个孩子呢！"

一句话把周围的人全逗乐了。在这里，马克·吐温用夸张的手法制造出令人忍俊不禁的荒诞效果，不仅替自己解了围，还委婉地批评了火车速度太慢，可谓一石二鸟。检票员听了也不好意思再计较什么，而是面带尴尬地让马克·吐温补票了事。

与其他幽默手法相比，夸张更容易令人出其不意，更具有喜剧效果。因为夸张不是如实表述，而是荒诞、离奇，甚至耸人听闻。越是如此，就越能引人发笑。所以，当你在生活中遇到想要回避的问题时，不妨用夸张的手法来转移话题，在笑声中为自己解围。

正话反说，幽默更耐人寻味

口才技巧

有些话正面说出来，显得平淡无奇，甚至还可能令人不悦。但是，如果你反过来说，就会产生一种意想不到的幽默效果，让人在忍俊不禁中领会你的真实意图。

有些话正面说出来，显得平淡无奇，甚至还可能令人不悦。但是，如果你反过来说，就会产生一种意想不到的幽默效果。例如，到朋友家聚会，发现朋友的夫人越来越胖了，你如果直言，势必引起对方的不快，这个时候，你可以幽默地说："几日不见，你怎么越来越苗条了！"对方明知道你在说谎，却也不会生气，最多对你嗔怪地笑一下。

这种正话反说的迂回表达，不但可以制造幽默，活跃气氛，有时还能够化解尴尬。

冷战时期，南斯拉夫是苏联的盟友，但两国关系并不和谐。有一次，苏共中央总书记赫鲁晓夫到南斯拉夫进行国事访问，南斯拉夫的众多高官前来迎接，其中一人对苏联以及赫鲁晓夫本人十分反感，于是出人意料地挑衅道："苏联和斯大林对我们做了很多坏事，所以我们今天很难相信苏联人。"

一句话让现场的气氛骤然紧张起来。赫鲁晓夫略作思忖后，走到这位高官面前，拍着他的肩膀，对南斯拉夫总统铁托说："铁托同志，如果你想让谈判失败的话，那就任命此人为谈判代表团的团长吧！"赫鲁晓夫说完哈哈大笑，现场的气氛终于得到缓和。

作为大国领袖，访问还没正式开始，就遭到对方的挑衅，赫鲁晓夫的心情可想而知，但碍于欢迎仪式，不便发作。于是，他故意正话反说，巧妙地将矛盾的焦点转移到对方身上，不仅成功化解了尴尬，还暗示了他对那位官员的看法。当然，在场的所有人都明白，赫鲁晓夫不可能真心建议由此人担任谈判代表团的团长，他只不过在表达一种不满而已。

妙用双关语，藏锋芒于微笑中

口才技巧

生活中，当我们遇到别人的刁难时，不妨利用双关语，制造幽默效果，既表明自己的立场，又可藏锋芒于微笑中，令对方哑口无言。

所谓双关，是指利用词义相关或读音相近的特点，使语句具有双重意义，从而造成言此意彼的效果。双关是幽默口才里最厉害的招数之一，它藏锋芒于微笑中，用幽默含蓄的语言回应对方的挑衅，既维护了自身尊严，又显示了机智和风度，令人拍案叫绝。

克雷蒂安被誉为“北美政坛常青树”，曾连续三届当选为加拿大总理。然而，年轻时的克雷蒂安却因为先天性的生理缺陷，导致左脸偏瘫，说话或微笑时，嘴角会不由自主地往一边歪。有一次，一位政敌与克雷蒂安意见不合时，故意嘲讽他说：“你说话是用一边嘴。”

对方分明是在拿克雷蒂安的生理缺陷搞人身攻击。面对羞辱，克雷蒂安没有动怒，而是冷静地回应道：“是的，我用一边嘴说一种话。不像你，用两边嘴说两种话。”

这句话语带双关，说自己“用一边嘴说话”，既指自己的生理缺陷，又指自己说话光明磊落，无论面对什么人，都说一种话；说对方“用两边嘴说两种话”，既指他嘴巴健全，又指他口是心非，是一个说“两种话”的两面派。对方听了，自然无话可说。

一句双关语，不仅化解了突如其来的尴尬，同时也揭露了对手的丑恶嘴脸，捍卫了自身的尊严。双关语如此巧妙，难怪法国大文豪雨果会赞不绝口，说它是飞舞着的灵魂的产物。

谐音，让你的话妙趣横生

口才技巧

汉语里，有许多读音相同或相近的字词，我们称之为谐音。由于谐音可以一语双关，给人广阔的想象空间，所以常被人用来表达某种含蓄的意义，制造幽默效果。

汉语里，有许多读音相同或相近，但意义并无多大关联的字词，我们称之为谐音。由于谐音可以一语双关，给人广阔的想象空间，所以常被人用来表达某种含蓄的意义。例如，男人怕老婆，我们习惯称其为“气管炎”，即“妻管严”。这种幽默操作简单，但效果惊人。

宋朝宰相石中立就是一个幽默的人，与历史上那些严肃正经的高官们不同，他幽默风趣、嬉笑怒骂，堪称宰相中的另类。

石中立当员外郎时，正赶上西域给皇帝进贡了一头狮子。皇帝十分喜爱，便命人养在御苑中，每天喂食大量牛羊肉。

一天，石中立与几位同僚参观御苑，有人发牢骚说：“狮子每天吃掉十几斤肉，而我们一年到头都难得闻到肉香，这待遇连畜生都不如!”石中立听了，立刻劝解道：“那是‘苑中狮’，我们是‘苑外狼’（员外郎），怎可相提并论?”众人一听，无不捧腹大笑。

后来，石中立当了宰相，依旧言语幽默，喜欢开玩笑。好友上官辟劝导他说：“您如今位居‘宰执’，名位至高，不可再嘻嘻哈哈没个正经。”石中立听了，依旧笑呵呵地说：“您管好‘上官辟’（鼻）就行了，何必还要管‘下官口’?”上官辟听了又好气又好笑，同时也不由得暗自佩服石中立灵敏的反应和风趣的语言。

石中立利用谐音，为严肃呆板的政治生涯抹上了一层轻松愉快的色彩，令人忍俊不禁。

通过模仿，制造喜剧效果

口才技巧

> 模仿是最简单、最直接的幽默方式。无论是直观的形体模仿，还是抽象的语言模仿，都能营造出轻松诙谐的喜剧气氛，给别人带去欢乐。

模仿是最简单、最直接的幽默方式。无论是直观的形体模仿，还是抽象的语言模仿，都能营造出轻松诙谐的喜剧气氛。看过卓别林电影的人，都会对这位喜剧大师的走路方式留下深刻印象，他模仿鸭子走路，一摇一摆、滑稽十足，凭借这个令人喷饭的招牌动作，卓别林为无数人带来了欢笑。

艾尔莎是美国一所高中的历史老师，她为人尖酸、刻薄，总爱刁难学生，大家都不喜欢她。有一次，艾尔莎课堂上问："'要么给我自由，要么让我去死。'这句话是谁说的？"

学生们都回答不上来。这时，一个新来的日本学生怯生生地答道："是帕特里克·亨利于 1775 年说的。"

"很好。"艾尔莎赞道，"看看吧，这就是我们的学生！对自己国家历史的了解，竟然还不及一个外国人。我真为你们感到羞愧！"

艾尔莎嘲讽的声音在教室里回荡，学生们敢怒不敢言。突然，角落里传来一个怪腔怪调的声音："把日本人干掉！"

"谁？这是谁说的？"艾尔莎气急败坏地问道。

"杜鲁门总统于 1945 年说的。"

全场一片哄笑，艾尔莎则面红耳赤，半晌说不出话来。故事中的学生模仿杜鲁门总统的说话，制造了幽默效果，同时也表达了大家的不满。

拿大人物开涮

口才技巧

当我们看到大人物出洋相时，会特别兴奋，油然生出一种优越感。所以，拿大人物开涮是一种很容易获得幽默效果的说话技巧，能够引起人们共鸣。

每个人的潜意识里，都有一种不服输的心态，永远想胜人一筹。当我们看到大人物出洋相、闹笑话时，就会特别兴奋，油然生出一种优越感。所以，拿大人物开涮是一种很容易获得幽默效果的说话技巧，能够引起人们共鸣，博得人们一笑。

杰伊·莱诺是美国著名脱口秀主持人，经常拿大人物开涮，甚至连总统都不放过。有一次，他在节目中谈到医改问题时，毫不留情地揶揄道："如今，美国公众都怀疑布什总统雇演员来假冒记者，为自己的医疗改革大唱赞歌。换言之，坐在电视机前的美国人以为自己看的是新闻，其实不过是在听布什领导班子在开会。"以此来讽刺布什的改革是失败的。

对于克里，莱诺同样是极尽讽刺之能事，针对克里称有外国领导人希望他赢得大选，莱诺讽刺道："克里说有外国领导人希望他赢得大选。但他又不愿说出是哪个外国领导人。现在他改口了。他想说的是，他是从世界上所有希望他赢得大选的人们那里听到了这句话。事情的真相是，他当时在国际松饼屋里吃饭，听到邻座的人这么说过。"

政治节目向来以严肃为特征，但莱诺反其道而行之，把政治变成幽默，在节目中尽情奚落和嘲弄政治人物，不但没遭到报复，反而使节目和自己的人气快速上升。

在中国，政治一般带有严肃性，不可随意拿国家领导人开玩笑。但是，埋汰一些人人都敢开罪的公众人物，以博一笑，却未尝不可。例如，陈佩斯、葛优那样的光头，就经常被人们拿来开玩笑。因为不涉及自己和对方，就算稍微有些过火，也不会令双方不快。

当然，不管怎么说，开玩笑都要注意分寸，否则，玩笑开过火了，不仅达不到幽默的效果，反而会令自己的形象受损，让别人觉得你素质低，如此就得不偿失了。

将错就错，顺势打趣

口才技巧

在日常交流中，口误在所难免。与其一本正经地纠正对方的错误，不如将错就错，顺势打趣，这样既能让对方意识到错误，又能制造出一种意想不到的幽默效果。

在日常交流中，人们经常会出现口误，例如发错音、读错字。如果认真追究，抓住对方的小辫子不放，或者替对方纠错，不仅会令他人尴尬，更会影响和谐的交谈气氛。与其这样较真，不如将错就错，顺势打趣，反倒能制造出一种意想不到的幽默效果。

冯喆是我国著名体操运动员。在一次世界杯比赛中，他勇夺男子双杠冠军。赛后，一个体操迷激动地冲上前，大声喊道："冯吉，冯吉，给我签个名吧。"

还没等冯喆开口，旁边一队友就大声问："你叫他什么？"冯喆赶紧接过话头，一本正经地说："没错，我是冯吉吉，这个屏幕显示有问题，把我两个字都挤在一起了。"

那个体操迷抬头朝大屏幕看去，愣了一下，刚想说话，冯喆又接着说："我们练双杠的名字一般都是三个字，不信你看上边的名字。"

直到此刻，那个体操迷才意识到自己搞错了。不过，冯喆的态度并没有让他觉得下不了台，反而让他觉得很有趣，于是竖起大拇指，对冯喆说："你真逗！"

在公众场合把对方的名字念错，这是一件很失礼的事情。但冯喆并没有立刻更正，因为那样做不但会令对方下不了台，还会破坏现场和谐的气氛。于是，他将错就错，将对方认错的原因归结为屏幕问题，不仅展示了自己的幽默和大度，还巧妙地化解了对方的尴尬。

断章取义，故意做不恰当的引用

口才技巧

生活中，断章取义通常被视为贬义。但有时候，通过对词句进行不恰当的引用，却能够产生荒诞的喜剧效果，而且断章后的句子与原意相差越大，就越幽默。

所谓断章取义，是指不顾谈话内容，孤立地选取其中一两句，以作论证。生活中，断章取义通常被视为贬义。但有时候，通过对词句进行不恰当的引用，却能够产生荒诞的喜剧效果，而且被断章后的句子与原意相差越大，就越幽默，令人捧腹大笑。

有一次，马克·吐温因为意见不和，同某个人展开了辩论，辩题是一夫多妻制。

对方认为，一夫多妻制是历史的产物，符合人类社会的需要，因此是合理的。马克·吐温的意见正好相反。为了驳倒他，马克·吐温随口说道："一夫多妻制，连上帝都反对。"

"既然你如此肯定，你能在《圣经》中找出一句禁止一夫多妻制的话吗?"对方反问道。

对方的问题很刁钻，但这难不倒马克·吐温，他灵机一动，理直气壮地说："圣经《马太福音》第六章第二十四节说：谁也不许侍奉二主。"

很显然，《马太福音》中的这句话跟一夫多妻制毫无关联，但马克·吐温为了自圆其说，故意用断章取义的方法，附会到一夫多妻制上来，以此来佐证自己的观点，从而产生了荒诞的幽默效果。对方虽然明知这是一个花招，却也无可奈何。

断章取义的手法，也常为记者所用。一次，罗马主教到纽约访问，刚走出机场，便被记者团团围住。记者们提出一连串问题，第一个问题是：

"您想上夜总会看看吗？"

这个问题太敏感，主教一心想回避，于是反问："纽约有夜总会吗？"

第二天早上，报纸上刊出："主教下飞机后的第一个问题是：纽约有夜总会吗？"

如此断章取义，令人忍俊不禁。可怜的主教做梦也没想到，自己的话会被歪曲至此。

故意说错话

口才技巧

在某些特定的情境下，出于特殊的表达需要，人们会故意用错误的说法来表达深层次的含义，从而制造出妙趣横生的幽默效果。

与人交往，最怕说错话，不合时宜、不知轻重的错话不仅会令对方生气、恼怒，还会使谈话气氛陷入尴尬，进而影响双方的关系。但是，在某些特定的情境下，出于特殊的表达需要，人们常常会故意用错误的说法来表达深层次的含义，从而产生幽默诙谐的效果。

周建人夫妇携小女周晔到鲁迅家做客。小周晔看了看爸爸和伯父，突然说："大伯，你和我爸爸长得很像，但有一点不同：爸爸的鼻子又高又直，而你的鼻子又扁又平！"

小家伙的话把大家都逗乐了。鲁迅笑着说："这你就不知道了吧？小时候，我的鼻子和你爸爸一模一样，但是后来，我碰了几次壁，就把鼻子碰扁了。"

"碰壁？碰壁会把鼻子碰扁吗？"小周晔觉得有些奇怪，是不是大伯说错话了啊？

"那当然，"鲁迅意味深长地说，"你想，周围一片漆黑，人不就容易碰壁吗？"

话音未落，心有灵犀的大人们全都笑了起来。

碰壁当然不会把鼻子碰扁，这是常识。然而，鲁迅却故意说错话，以此来抨击当时黑暗的社会环境，言辞犀利却又含蓄不露，在自嘲中制造出妙趣横生的幽默效果。

具体运用“说错话”时，一定要确保对方明白你的用意，一旦对方信以为真，就会适得其反。

张冠李戴，给人以不协调感

口才技巧

生活中，对于某个人或某件事物，不直接表述，而是用其他相关的词语、名称来替代，使之与语境相悖，以造成不协调感，从而产生幽默的效果。

在马戏团，我们经常看到动物们穿着人类的衣服、戴着人类的帽子在舞台上表演。每当这个时候，我们都会忍俊不禁、哈哈大笑。这种喜剧效应来自张冠李戴造成的不协调感。

在日常交往中，我们也可以借用这种手法，故意将在某个特定场合使用的词语、名称用于完全不同的场合，使之与语境相悖，以造成不协调感，从而产生幽默的效果。

英国首相丘吉尔有一次访问美国时，到一家专门做烤鸡的餐厅吃饭。他对女主人说：“给我来块鸡胸肉，好吗？谢谢！”不料女主人听了，却一本正经地对他说：“丘吉尔先生，我们习惯上称它为‘白肉’，而不说‘鸡胸肉’。”

女主人的话让丘吉尔一度很被动，但他当时并没有说什么，而是在第二天派人送给女主人一朵漂亮的兰花，兰花上附着一张卡片，丘吉尔在上面幽默地写道：“假如你愿意将它别在你的‘白肉’上，我会感到莫大的荣耀。——丘吉尔”

真是一次精彩的回击！丘吉尔现学现卖，借“白肉”来代称女主人的“胸脯”，既嘲讽了女主人故意卖弄的做派，又显示了自己的机智和幽默，令人在忍俊不禁中拍案叫绝。

值得注意的是，张冠李戴虽然巧妙，但它要产生幽默效果却有个前提，即对方必须明白两者之间的关系，如果对方一头雾水，你的幽默就无法传递给对方。

用矛盾制造笑料

口才技巧

通常，我们说话是不能自相矛盾的。但有时候，故意打乱语言上的逻辑，使自己的言谈前后不一、自相矛盾，却是制造笑料的主要方法之一。

在很多影视作品和相声小品中，我们经常看到一系列用矛盾制造的笑料。毫不夸张地说：诙谐的艺术就是利用矛盾的艺术。因此，在日常生活中，我们可以打乱语言上的逻辑，使自己的言谈前后不一、自相矛盾，从而制造笑料，博得他人一笑。

有一次，英国首相丘吉尔亲自开车前往宫廷参加一个演讲，由于时间紧迫，他不得不超速开车。路过一个路口时，一位正在执勤的年轻警察拦住了他。

“对不起先生，您超速了。按照规定，必须对您进行处罚。”年轻警察对丘吉尔说。

丘吉尔一听急了，这是一次重要的演讲，他可不能迟到，于是大声说道：“我是首相丘吉尔，我超速是因为我要去参加宫廷演讲，时间就要来不及了。”

“不可能，你一定是个冒牌货！”年轻警察脱口而出。

丘吉尔一愣，随即哈哈大笑：“你猜得很对，我的确是个冒牌货！”

年轻警察看着丘吉尔，摸了摸脑袋，也笑了起来，随即放过了丘吉尔。

通常，我们说话是不能自相矛盾的。但丘吉尔却在表明身份之后，又故意否认自己的真实身份，这种前后矛盾的表述令对方摸不着头脑。最后，只好抱着“宁可信其有，不可信其无”的心态，放走了他。这是一种非常实用的幽默方法，能够大事化小、小事化了。

打破语言逻辑，词语混搭也幽默

口才技巧

虽然说话要讲究逻辑，但偶尔打破常规，混搭一下，把那些没有章法、没有逻辑的文字生硬地凑到一起，却能够出其不意，瞬间产生令人捧腹的幽默效果。

通常，任何一个词语的使用与搭配都有约定成俗的惯例，一旦被打乱，就会引起语义的混乱，令人摸不着头脑。但在某些特定的情况下，为了达到出其不意的效果，人们常常打破这种惯例，故意混搭词句，从而使原本寻常的句子，瞬间产生令人捧腹的幽默效果。

1895 年，德国物理学家伦琴发现了 X 射线，立刻引起轰动。由于这是一种新事物，很多人写信向伦琴咨询，其中一个人在信中写道：“我胸中残留了一颗子弹，需要用伦琴射线来治疗。希望你寄一些伦琴射线和一份如何使用伦琴射线的说明书给我。”

众所周知，伦琴射线是一种电磁辐射，根本不可能邮寄。寄信人的语气，除了无知，更像是一种戏谑和调侃。

伦琴本想板起脸来，狠狠教训他一顿，好让他知道这个物理常识。但转念一想，这样做恐怕效果不佳，于是灵机一动，提笔写道：“抱歉，我手头没有 X 射线，况且邮寄 X 射线是一件相当麻烦的事情，因此恕难从命。如果可以，还是把你的胸腔寄过来吧！”

在这里，伦琴故意将两个词混搭，制造出令人忍俊不禁的幽默效果。

生活中，我们经常用到这种手法。比如，我们说某个人真是“帅到掉渣”，对方即使知道自己并不帅，听到这样的话也会莞尔一笑。这就是语言混搭带来的幽默之美。

大词小用，错位产生的美

口才技巧

> 词语的选用要分对象、讲场合。但有时候，故意将一些在正式场合、重大事件中使用的词语用在轻松、随意的语境中，往往能带来出其不意的喜剧效果。

一般来说，词语的选用要分对象、讲场合，将一些在正式场合、重大事件中使用的词语用在轻松、随意的语境中，会显得极不协调。然而有时候，这种有意错位的不协调却能带来出其不意的喜剧效果，令人忍俊不禁。大词小用就是其中的一种。

著名作家冯骥才在美国访问期间，其好友携全家前来拜访，双方相谈甚欢。

就在此时，冯骥才突然发现朋友的孩子不知什么时候爬到了床上，穿着鞋在雪白的床单上欢快地跳着，而孩子的父母背对着床，并未发觉。他想叫孩子下来，又怕用词不当或语气中流露出不满，令对方尴尬。于是想了一下，微笑着对朋友说："请把孩子带到地球上来。"

朋友回头一看，立刻明白了冯骥才的意思，会心一笑，把孩子抱了下来。

有朋自远方来，不亦乐乎，但朋友的孩子如果太淘气，把家里掀个底朝天，甚至穿着鞋踩在床单上，也是一件令人不悦的事情。遇到这种事情，主人往往不便直言，否则很容易伤及对方的面子。冯骥才当然懂得这其中的利害关系，于是他玩了一个大词小用的花招，把"地板"换成"地球"，这样一来，孩子的鞋子和洁白的床单之间的矛盾就淡化了许多。

大词小用学起来很简单，即使你没有幽默细胞，也很容易掌握。例如，当你和好友闹矛盾时，可以说和他"断交"。后来你们和好如初，可以说"我们又恢复了外交关系"。

利用引申语义，妙解出别样风情

口才技巧

在日常生活中，我们可以运用引申语义，将原本单调的词义引申到另一个本无多大关联的语境中，从而制造出令人喷饭的喜剧效果。

人类的语言是丰富多彩的，在特定的语境下，同一个词语可以有不同的引申语义。这种一词多义现象，经常被人们利用。例如，为了说话的需要，利用引申语义来解释原本并不搭界的两个语境，从而制造出一种奇特的幽默效果。

阿加莎·克里斯蒂是英国著名女侦探小说家，离婚后独身多年。当她宣布再婚时，人们发现她的丈夫是一名考古专家。

两个人的职业并无多大关联，究竟是什么让他们走到一起的呢？有人很好奇，于是便问克里斯蒂："你为什么会选择与一位考古学家结婚呢？"

这是一个复杂的问题，关于两人的恋爱、婚姻，三言两语很难解释清楚。克里斯蒂没有多费口舌去解释，她灵机一动，调皮地说："因为他的职业啊！考古学家喜欢一切古老的东西——女人越老，他就越喜欢。这不正是所有女人心目中好丈夫的最佳人选吗？"

对方一听，哑然失笑，同时不由得暗自佩服克里斯蒂的机智、灵巧。

"考古"和"女人的老"本来完全不搭界，但因为考古是考察古老的事物，所以其外延又和"老"有某种关联，克里斯蒂巧妙地将之引申到女人的"老"上，令人拍案叫绝。

PSYCHOLOGY

AND ELOQUENCE
SKILLS

第7章
赞美口才

不要吝惜你的掌声

口才技巧

生活中，赞美就像空气，人人不能缺少。一句赞美的话，虽然只需几秒钟，却有神奇的功效，甚至能改变人的一生。因此，学会赞美吧，它会让你成为生活的赢家。

成功学大师拿破仑·希尔曾经说过："人类内心深处最渴望的就是被他人欣赏。"在这个世界上，无论富人还是穷人，小偷还是警察，只要他们听见别人赞美自己的某个优点，就肯定会尽全力去维护自己的这份美誉，生怕辜负了他人的期望。

19 世纪末，美国密苏里州的一个小镇上，有个劣迹斑斑的小男孩，镇上的大人们都警告自己的孩子，不许跟他来往。9 岁那年，他有了继母。在继母刚进家门那天，他父亲就对继母说："你以后得提防着点，他可是全镇最坏的孩子！"

没想到继母不但没有抱怨，反而走到小男孩身边，温柔地摸着他的头，说道："他怎么会是坏孩子呢，我看他应该是镇上最聪明、最快乐的孩子！"

这句话深深打动了小男孩，在继母的关怀下，他开始努力学习。多年以后，他创造出成功的 28 项黄金法则，帮助千千万万的普通人走上成功之路。他就是沟通大师戴尔·卡耐基。

一句话成就了一代沟通大师，这就是赞美的神奇力量。对于儿时的卡耐基而言，继母的赞美就像阴霾里的一缕阳光，给了他极大的信心，最终激励他成就伟业。这种赞美创造奇迹的现象，在心理学上称为皮格马利翁效应。相传在古希腊时期，塞浦路斯国王皮格马利翁雕刻了一尊少女像，并对她爱不释手，每天含情脉脉地注视着她。结果有一天，雕像竟然奇迹般变成了活人，后来成为皮格马利翁的妻子。

皮格马利翁效应告诉我们，真诚的鼓励与赞美，具有一种积极的暗示作用，它能够改变人们的行为，激励人们不断进步。因此，学会赞美吧，它会让你成为生活的赢家。

赞美要具体

口才技巧

人人都喜欢听赞美之词，但空洞乏味的赞美不但不能让对方感到愉悦，反而会令对方心生猜忌和厌恶。因此，在赞美别人时，务必要具体，务必要言之有物。

人人都喜欢听赞美之词，此乃人之常情。但并非每个人都能将赞美说到对方心坎儿上，那些空洞乏味、毫无新意的赞美之词，不但不能让对方感到愉悦，反而会令对方心生猜忌和厌恶，因为在他们看来，这样的赞美不过是刻意吹捧，背后一定别有企图。

那么，怎样才能让赞美听起来更真实可信呢？美国心理学家克林纳德用实验证明，赞美越具体，有效性越高。这个结论告诉我们，在赞美别人的时候，务必要具体，务必要言之有物。例如，与其泛泛赞美某个人漂亮，不如说："你的眼睛大而有神，真漂亮。"再比如，与其空洞夸赞一个孩子聪明，不如说："小小年纪就会这么多手工，真是个小爱迪生。"

1976 年 1 月，尼克松的女儿朱莉和女婿戴维到中国访问。在毛泽东的会客厅里，戴维第一次见到了这位蜚声中外的伟人，忍不住多看了几眼。

"你在看什么？"戴维的凝视显然引起了毛泽东的注意。

"我在看您的脸，"戴维说，"我觉得您的脸上半部分长得特别好看。"

毛泽东一听，哈哈大笑，立刻对眼前的这个年轻人产生了好感。随后，他们在谈笑风生中开始了会谈。

戴维的聪明之处在于，他并没有笼统地赞美"毛先生真是伟大，真是了不起"，而是从具体的部位赞美了这位伟人，让人感觉很真诚，没有丝毫的谄媚之意。

那么，如何才能让赞美变得更具体呢？不妨从以下三个方面入手：

指出具体部位

在赞美对方的外貌、服饰时，我们可以具体指出他们身上的闪光点，例如，皮肤白皙、眼睛明亮、身材苗条、领带别致……人们都有一种倾向，即把局部印象扩展至整体评价，夸一个人眼睛漂亮，她会感觉自己全身都很漂亮。因此，局部赞美就等于整体肯定。

与名人相比较

社会名人具有较高的知名度，同时也是众人仰慕的对象，将对方与名人相提并论，无疑会让他们受宠若惊。例如，赞美女性有气质时，可以说她长得像奥黛丽·赫本；赞美 IT 老总有创意时，可以说："在 IT 行业，我就佩服两个人，一个是乔布斯，另一个就是您。"

列出具体事实

在赞美对方的性格、脾气、品位和才华时，我们可以列出具体的事实，并给出相应的评价。这样的赞美，相当于向对方传递了一种信息，即我们的赞美是真诚的、发自肺腑的。例如，赞美对方的演讲很棒时，可以这样说："你的演讲很精彩，尤其是那个故事……"

听到别人得意的事要赞美

口才技巧

在交谈中，当对方谈到自己的得意之事时，千万不可无动于衷，而要接过话题，顺势赞美，以满足对方的心愿。倘若你对此表示漠不关心，对方会感到很失望。

人们遇到开心或得意的事情，总希望与人分享。当他们谈及这些事时，你一定要停下所有的话题，表示出极大的兴趣，并顺势赞美对方，这样做很容易拉近双方的距离。倘若你对此表示漠不关心，将会极大地挫伤对方的积极性，令双方的关系蒙上一层阴影。

豆豆在学校跑步拿了第一名，他兴冲冲地赶回家，想把这个好消息告诉妈妈。

“妈妈，我今天跑步得了第一名!”一进家门，豆豆就迫不及待地大声说。

“跑步得第一有什么好得意的？赶快写作业去。”妈妈在做饭，头也没抬地说。

“老师还夸我有运动天赋呢!”豆豆还在期待妈妈的表扬。

“写完作业后要做练习卷，马上要期中考试了。”妈妈好像没听到豆豆的话。

豆豆非常失望，手里攥着的奖状始终没拿出来，最后噘着嘴走进了自己的房间。

这时，爸爸回来了，他发现豆豆的情绪有点不对，便问豆豆出了什么事。豆豆委屈地说：“我跑步得了第一名，老师夸我有运动天赋，可妈妈却一点都不高兴。”

“真是好样的，待会儿吃饭的时候多吃点，这样才能让身体更强壮，跑得更快。”

爸爸的话，让豆豆重新燃起胜利的喜悦，他拿起作业本，认真地复习起功课。豆豆爸爸的做法值得借鉴，妈妈的做法却值得商榷。在交谈中，当对方谈到自己得意的事情时，千万不可无动于衷，而要接过话题，顺势赞美，以满足对方的心愿。

例如，当有人把孩子的照片拿给你看时，你一定要顺势赞美孩子长得漂亮。如果你接过照片，随便看一眼就还给对方，对方会认为你在敷衍他。再比如，当有人谈到自己最近炒股票赚了钱，你一定要顺势赞美对方好眼光。如果你什么也没说，对方会感到很郁闷。

及时指出别人的变化

口才技巧

每个人都期待被别人关注，因此，当你察觉到别人的变化时，一定要及时指出来，这等于告诉对方："我很重视你，你的一切我都很关注。"

每个人都期待被别人关注，因此，当你察觉到别人的变化时，一定要及时指出来，这等于告诉对方："我很重视你，你的一切我都很关注。"相反，如果你对别人的变化视而不见，那等于告诉对方："你在我眼里是个无足轻重的人，根本不值得我关注。"

王欣在一家大型私营企业上班，老板比较严肃、刻板，大家平常都很怕他。

有一次，老板一大早就来到办公室，转了一圈儿后也不离开，而是拿起一份报纸看了起来。大家有些奇怪，但谁也没说什么。这时，细心的王欣发现，老板今天穿了一套平常没见过的新西装，便立刻大声说："杨总，您穿这身西装可真帅气，是新买的吧？"

"是啊。"老板很得意，放下报纸说，"我女儿给我买的，还是外国名牌呢。"

"难怪看上去那么大气。"大家同声附和。

"您女儿可真孝顺，要是我也有个这么懂事的女儿，这辈子也就满足了。"王欣不失时机地赞美道。听王欣这么一说，杨总的脸上更是笑开了花，在办公室停留了很久才离开。

下班前，杨总派人来说晚上请大家吃饭，庆祝本季度公司利润大幅提升。晚餐后，每人还收到一个红包。这在以前可是从来没有过的事情，红包一般要逢年过节才会发的。

杨老板的变化，细心的下属看得一清二楚。可在生活中，朋友、恋人的变化，你是否留意到了呢？很多女性费时费力地打扮，穿新衣服、换新发型，就是希望别人看到并赞美一番。然而，很多不识趣的丈夫却熟视无睹，想想看，对方会有多么失望。

记住那些特别的日子

口才技巧

人生漫漫，辉煌的时刻不多，只是一个个短暂的瞬间。然而，这些时刻往往是人生的重要见证，令人终生难忘。因此，记住这些特别的日子，就等于赞美他的人生。

对于每个人来说，一年365天，有一天是最特别的，那就是自己的生日。试想，在生日当天，突然收到一个电话或一张卡片，祝自己生日快乐，而对方竟然是自己不太熟悉的朋友，那会是一种什么样的感觉？除了惊喜、感动，恐怕还有对对方的好感。

人与人之间的感情就是这么奇妙！一个对你来说可能非常普通的日子，对别人而言却具有重大的意义。著名沟通大师卡耐基深谙这个道理，他总是想方设法地打听朋友们的生日，并将这些特殊的日子标记在日历上。当这个日子到来时，朋友们总是会收到他的问候和祝福，有的甚至几十年都没有改变过。可以想象，这是一个多么感人的时刻！卡耐基就是凭借这样的良苦用心，编织出庞大的人脉关系网，为自己的事业插上腾飞的翅膀。

事实上，不仅仅是生日，那些对他们而言具有特殊意义的时刻，或是特别的事情，如孩子的升学、结婚纪念日、亲人的名字以及重要的成就，如升职、加薪、获奖等，都可以成为祝贺的理由，为增进双方的关系提供契机。

这提醒我们，在日常生活中，要做一个有心人，用心记住这些特别的日子，或是让对方刻骨铭心的重要事件，与他一起重温辉煌的时刻，及时送上自己的祝福。长此以往，你会发现你的人生将因此变得不同，朋友越来越多，彼此间的关系也会越来越密切。

关心他的亲人

口才技巧

> 如果你想赞美一个人，却找不到合适的理由，那就赞美他的亲人或者与他相关的一切东西。因为关心他的亲人，就等于关心他本人，他自然会对你产生好感。

如果你想赞美一个人，却找不到他有什么地方值得赞美，那就赞美他的亲人，或者与他相关的一切东西。所谓爱屋及乌，关心他的亲人，就等于关心他本人，他自然会对你产生好感。有了这个基础，你很容易与他建立关系，拉近彼此间的距离。

小潘一直想结识行业内的精英吴总，却苦于没有合适的机会。后来，他另辟蹊径，从别人那里打听到吴总儿子的一些情况，心中暗暗有了底。

不久后，在一次行业座谈会上，趁大家茶歇闲聊之际，小潘瞅准机会来到吴总身边，轻声说："吴总，麻烦您将这张周杰伦的亲笔签名照带给您儿子好吗？"

吴总的儿子是周杰伦的铁杆"粉丝"，偶像的亲笔签名照是他梦寐以求的东西。吴总有些诧异地看看小潘，问："你怎么知道我儿子喜欢周杰伦？"

"在一次宴会上，我无意中听到您儿子在央求别人转卖给他一张周杰伦的签名照，那时我就想，他肯定是周杰伦的歌迷。正好我朋友上个月去看周杰伦演唱会，弄到一张他的签名照，我想您儿子肯定会喜欢，所以就找他要过来了。"

"谢谢，你真是个有心人。"吴总很感谢，问道，"请问您是……"

"我是华威公司的业务部经理，一直非常仰慕您……"小潘赶紧自我介绍。就这样，小潘顺利和吴总拉上关系，并赢得了吴总的好感。

人生在世，最牵挂的就是自己的亲人。当你对他的亲人表现出真诚的关心时，他自然会对你产生好感。有时候，虽然只是寥寥数语，却可以收到意想不到的效果。

逢人减岁，遇货添钱

口才技巧

每个人都希望自己永远年轻，所买的东西物超所值，所以谈到别人年龄，要尽量往小了说，而说起别人的东西，要尽量往贵了说。

每个人都希望自己永远年轻，所买的东西物超所值，所以“逢人减岁，遇货添钱”就成了讨人喜欢的吉利话。就算对方看起来年纪很大，也要尽量往小了说；就算对方所买的东西很便宜，也要尽量往贵了说。不要担心对方会觉得你没眼力，相反，他会对你产生好感。

一位老太太在家中举办舞会，邀请她的两个侄子参加。大侄子请她跳舞时说：“您的气色真好，舞跳得也好，就算年轻人看上去也没有您有活力。”老太太听了乐得合不拢嘴，说道：“谢谢，虽然有拍马屁的嫌疑，但我还是很开心。别走，待会儿有礼物送给你。”

小侄子对她说：“您看起来气色不太好，这么大年纪还跳舞，不如多休息休息。”老太太说：“谢谢你的关心，你是个诚实的孩子，说的都是大实话，所以我也有礼物送给你。”

一个月后，老太太去世，她把所有的遗产全都赠送给了大侄子，而把自己的日记送给了小侄子。原来老太太早就知道自己身患绝症，那次舞会是她人生中的最后一个舞会。

与年龄相反，评价别人的物品时，要把价钱往高处说，因为价钱越高，对方的身价也就越高。比如，对方穿一件两三百元的衣服，你却说：“这衣服看上去不错，没有六七百买不下来吧？”对方一听，自然高兴。将奉承话说得如此含蓄，朋友怎会不将你视为知己？

背后说人好话

口才技巧

对于当面的恭维，人们总感觉有些虚伪，甚至怀疑对方的动机。但是，背后的恭维却没有虚假奉承的嫌疑，因此人们通常认为，背后说出的话是发自内心的。

赞美的话，不直接告诉对方，而是通过间接的途径，让对方知道。这是一种高明的技巧。当面说人好话，对方可能会认为你在奉承他，讨好他。然而，背后说人好话，对方却会认为你是真心的，因为人们通常认为：当面说的坏话不算坏话，背后说的好话才是好话。

林肯担任美国总统时，与国防部部长埃德温·斯坦顿在观点上素来不和。斯坦顿脾气暴躁，常常在背后骂林肯是该死的傻瓜，愚不可及，甚至称他是“原始的大猩猩”。

当有人将这些恶意中伤的话告诉林肯时，林肯非但没有生气，反而心平气和地说道：“如果他对我的评价是个该死的傻瓜，那么，很可能我就是像他说的那样。我深知他的为人，他办起事来总是非常认真，而且他说过的话，也十有八九是正确的。”

林肯这番以德报怨的话，很快就传到了斯坦顿的耳朵里。他深受感动，非常诚恳地向林肯表达了自己的歉意。在那以后，林肯和斯坦顿的关系逐渐变得亲密无间。

无独有偶，德国铁血宰相俾斯麦在遇到与自己意见不和的下属时，从来不会与他们针锋相对，而是有计划地在别人面前赞扬对方，因为他知道，总会有人把这些话说给敌视他的下属听。

林肯和俾斯麦是历史上非常杰出的两位领袖。虽然他们的领导风格迥异，但他们在对待敌视自己的下属时，做法却完全一致，那就是背后说人好话，用真诚化解对方的敌意。

借他人之口赞美

口才技巧

赞美的话，直接说出来，别人会认为我们在献媚，而借他人之口说出来，别人就不会产生任何怀疑。这是因为，在一般人的观念中，第三方所说的话比较客观、公正。

赞美的话，直接说出来，别人会认为我们在献媚，而借他人之口说出来，别人就不会产生任何怀疑。例如，同样是赞美别人的车子，下面两句话的效果就完全不同。

“您的车真漂亮！”

“怪不得小林说您买了辆好车，刚开始我还不信，这回我信了。”

前一句话直接赞美，给人感觉很虚伪，后一句话借他人之口赞美，给人感觉很真实。这是因为，在一般人的观念中，第三方所说的话比较客观、公正，从而更有说服力。

某画家早年参加培训班时，接受了一次智商测验。结果出来后，老师对她说：“测验结果显示，全班20名同学只有你一个人缺乏注意力。而缺乏注意力的人是无法成为一名好画家的。这是根据历年资料统计得出的结果。你还是不要浪费精力，趁早改行吧。”

老师的话让女孩眼前发黑，仿佛感到世界末日的来临。她神情恍惚地回到家，一头倒在床上，不吃不喝，哭着对妈妈说：“我的希望破灭了，我永远也当不了一名好画家。”

妈妈得知事情的原委后，愤愤不平地说：“谁说你成不了好画家？隔壁的张伯伯就很看好你，说你长大了一定能成为大画家。他可是艺术界的大腕，怎么可能看走眼呢？”

妈妈的话重新燃起女儿的希望。她振作起来，不断努力，终于成为一个知名画家。

借他人之口赞美，尤其适用于领导对下属。领导当面夸奖下属，下属说不定会认为那只是场面话，不会有太多想法。然而，当他们从第三者的口中听到领导对自己的赞美，心里会非常感动，为了报答领导的知遇之恩，势必努力工作。所以，作为领导者，如果想最大限度地激发下属的积极性，不妨在背后夸奖下属，或许会收到意想不到的效果。

先贬后褒，给对方意外的惊喜

口才技巧

对于渴望得到的东西，人们总是希望逐渐增多，而不是逐渐减少。赞美也不例外，贬低只为蓄势，褒扬才是目的，先贬后褒式的赞美往往会给人意外的惊喜。

我们都有这样的体会：两杯同样的温水，如果先把手伸到冷水里，然后再伸到温水里，会感觉水很热；如果先把手伸到热水里，然后再伸到温水里，会感觉水很凉。其实，赞美别人也是同样的道理。先挑一些无关痛痒的小毛病，然后再恰如其分地给予赞扬，不但不会令人反感，反而会让人感觉更加真实，而且意外的惊喜往往更能打动人。

明代有个大豪绅，为给母亲祝寿大摆筵席，并请唐伯虎赴宴。酒酣耳热之际，众宾客纷纷向老夫人献寿辞。轮到唐伯虎时，好话都已说尽。就在大家翘首企盼时，唐伯虎却让众人见识了一回什么叫耸人听闻。只见他稍作思索，然后慢悠悠地念道："这个婆娘不是人。"

此言一出，众人大惊失色，都以为唐伯虎酒后失言，不知道该怎么办才好。谁知道，唐伯虎却不紧不慢地念下去："九天仙女下凡尘。"听到这里，大家悬着的一颗心，才算是落了地，纷纷拍案叫绝。然而，掌声未落，却又听唐伯虎念道："生下儿女都是贼。"

刚刚缓和的气氛，马上又凝重了起来。全场鸦雀无声，大家都在想：这个家伙究竟卖的什么药？只见唐伯虎微微一笑，念出最后一句："偷得蟠桃献母亲。"

顿时，全场掌声雷动，主人一家更是眉开眼笑。

唐伯虎别出心裁的赞美，可谓语惊四座。他巧妙地运用先贬后褒的手法，先将大家的期望降得很低，然后突然峰回路转，让他们在情绪的蹦极中，体验到了极端的快乐。

否定他人，肯定对方

口才技巧

否定他人，肯定对方，会令对方有一种唯我独尊的满足感。如果你再列举一两个公认的优秀者，与之相提并论，对方无疑会心花怒放。

否定他人，抬高自己，会令人反感，进而对你的人品产生怀疑；然而否定他人，肯定对方，则会令对方有一种唯我独尊的满足感。如果你再列举一两个公认的优秀者，与之相提并论，对方无疑会心花怒放。这是一种巧妙的“捧人术”，与先贬后褒有着异曲同工之妙。

吴先生因为生意上的需要，请某局长吃饭。酒过三巡，吴先生一脸真诚地对局长说：“不瞒您说，这全中国当官的，我只佩服两个人。”

“哦，是哪两个?”局长忍不住好奇地问。

“这两个人啊，官不小，但没有任何官架子，让人觉得特别亲切。”吴先生故意停顿了一下，然后接着说，“一个是关心群众疾苦的温家宝总理，还有一个……”

局长有点等不及了，追问道：“是谁?”

吴先生认真地说：“还有一个就是局长您了。”

局长一听，哈哈大笑：“小吴啊，你可真会说话。我有一个弟弟，也像你一样，特别会哄人开心，不过我喜欢!”

吴先生趁机端起酒杯：“既然局长这么看得起我，把我当弟弟，那我就厚着脸皮叫一声‘哥’了。以后还望大哥多多提携!”

“没问题，都是自家人。”局长满脸笑意，一口允诺。

吴先生先贬低他人，再抬高对方，并以一个杰出的人物做帮衬，表明对方也是个杰出的人，如此赞美，局长岂能不开怀？俗话说：千穿万穿马屁不穿。即便对方知道你的话言过其实，也会欣然笑纳。因为赞美并非什么原则性问题，有谁会计较你说的是否是实话呢？

与自己作对比

口才技巧

每个人都有超过别人的欲望，而贬低自己，就相当于抬高对方，它通过克制自己的欲望来满足对方的优越感和好胜心，因此显得更加真诚。

每个人在内心深处，都有一种天生的好胜心，渴望赢过别人，如果你有意贬低自己，就相当于变相地抬高对方，一旦满足了对方的优越感，他就会坦然地接受你。

吃过晚饭后，老田和儿子一起去跑步，儿子一会儿就把老田甩在后面。老田气喘吁吁地对儿子说：“儿子，你可真是长大了。我记得去年和你一起跑步，你还总要我等等你呢。现在老爸真老啰！”儿子一听，跑得更快了。

第二天，老田下班回到家，妻子对他说：“咱们儿子怎么突然变懂事了？放学后，他主动帮我倒垃圾，还硬是帮我把一袋米扛上了楼。我怕他身体吃不消，说等你回来扛，他说什么也不愿意。他还说现在你老了，而他长大了，该是他出力的时候了。”

老田欣慰地笑了，他对妻子说：“咱们的儿子是真长大了。”

老田用自己的“老”来映衬儿子的“长大”，令儿子油然而生一股男子汉的豪情，这比任何激励都更能打动人心。每个人都有超过别人的欲望，而贬低自己，就相当于抬高对方，它通过克制自己的欲望来满足对方的优越感和好胜心，因此显得更加真诚。

这一招，领导使起来更有威力。例如，领导对下属说：“我像你这么大年纪的时候，还没你有出息呢。”下属听了，心中自然会生出一股豪情，在下属眼里，领导就是权威，假如自己比权威还优秀，那对他而言，该是多大的一种鼓舞啊。

用请教引导谈话

口才技巧

请教是另一种形式的赞美，它不用华丽的辞藻，更不用虚伪的奉承，只需要简单的一句话，就能让对方欣然地接受你，并迅速建立起对你的好感。

人生在世，有一种潜在的欲望，那就是喜欢充当别人的老师，满足自己的成就感。因此，在和对方交谈时，如果你抱着一种谦虚请教的态度，对方就会欣然地接受你，并迅速对你产生好感；即使是对你有敌意的人，也会放下敌对情绪来帮助你。

有一位台湾老板，想到大陆投资，苦于不熟悉情况，于是想找个得力的助手。经过初步筛选，他觉得张磊和陈涛两人还不错，于是备下饭局，准备从中择优录取一位。

席间，张磊大谈自己对当前经济形势的判断，满嘴深奥的专业词汇，以显示自己在经济学方面的才华和学识。相比之下，陈涛的话并不多，主要围绕台商请教了几个问题。

“您在台湾的事业发展得这么好，为什么想到大陆来投资呢？”

“是大陆的投资政策吸引了我啊。”

“那您对大陆市场怎么看？”

“前景广阔，虽然现在还比不上发达国家和地区，但远非台湾可比。”

“搞经济，就要有像您这样前瞻性的眼光。”

台商听了很高兴，顺其自然选择陈涛作为他的投资助手。

很多刚毕业的年轻人，自以为在学校里学了点知识，就可以纵横天下，殊不知心高气傲是职场的大忌。像张磊那样，纵使学识渊博，也难逃失败的命运。相反，那些善于虚心请教的人，总是能够得到领导的垂青。因为请教的潜在含义，就是向对方表示尊重和佩服。

别人谦虚时要有下文

口才技巧

当别人对你的赞美表示谦虚时，千万不要就此打住，没了下文，而要进一步增强你的评价，让对方感受到你的诚意，否则，对方会认为你认同他的谦虚之词。

谦虚是一种美德，但千万不要以为别人的谦虚就是他们的真实想法。有时候，谦虚只是一种客气，其内心深处其实是渴望得到你进一步的赞美。所以，当别人对你的赞美表示谦虚时，千万不要就此打住，而要进一步增强你的评价，满足对方内心深处的这一愿望。

梁经理去市国土资源局办事，一进门就碰见办公室的黄主任，连忙打招呼："多日不见，黄主任可是越来越年轻了。这要在大街上碰见，还真不敢认了呢！"

"哎呀，都快做奶奶的人了，哪里还谈得上年轻！"黄主任谦虚道。

"哪有您这么年轻的奶奶哟！真要有，人们还不得叫您'妖精'啊？"梁经理打趣道。

听了梁经理的赞美，黄主任嘴都笑得合不拢了。"你看你，老梁，嘴巴就是会说话。文件带来了吗？让我看看，要没问题就赶紧批了，省得你在这里乱嚼舌头。"

渴望年轻是每个女人的天性，梁经理夸黄主任年轻，可以说是挠到了对方的痒处。当黄主任表示谦虚时，梁经理并没有就此打住，而是进一步用夸张的语气恭维对方，令黄主任心花怒放，从而轻而易举地得到了自己想要的东西。

没有人会拒绝赞美，即便对方表示谦虚，也应该进一步增强评价，以显示出你赞美的诚意。相反，如果别人稍微谦虚一下，你就此打住，没了下文，不仅显得你很没诚意，还会让对方产生这样一种感觉：你认同他的谦虚之词，他的确没那么好。随之而来的失落感，甚至是怨气，会让你之前的赞美化作泡影，全然做了一番无用功。

所以，当别人谦虚时，千万不要信以为真，进一步的赞美才是对方真正所需要的。

给对方没有期待的赞美

口才技巧

赞美要有新意。太明显的优点，大家都会赞美，如果你再重复，对方会觉得你毫无新意。但如果你赞美对方不容易被人发现的优点，对方一定会感到喜出望外。

太明显的优点，大家都会赞美，对这些优点进行赞美，对方会觉得你毫无新意。但如果你别出心裁，赞美对方不容易被人发现的优点，对方一定会感到耳目一新，喜出望外。

韩女士是服装界有名的“铁娘子”，以卓越的管理能力而著称。作为本市的风云人物，韩女士经常接受记者采访，对于记者的溢美之词，她早就司空见惯，淡然处之。

有一次，一位小报记者前来采访。韩女士本想应付几句便打发他走，不料接下来发生的事情，令她改变了自己的想法。

这位记者看了看她办公桌上的全家福，突然说道：“韩女士，大家都说您是服装界的‘铁娘子’，依我看，您也是一位柔情似水的传统女性。”

韩女士一愣，这句话仿佛触动了她内心深处最柔软的地方。她禁不住感叹：“是啊，人们看到的都是我的表面，其实我的内心又有多少人能了解呢？”

“是啊，像您这样的成功女性，背后一定有许多不为人知的辛酸往事。但看得出，在您的心中，亲情才是最重要的。您能讲讲这方面的故事吗？”记者不失时机地追问道。

韩女士打开了话匣子，不知不觉向这位记者吐露了许多不为人知的故事。

作为一名成功女性，韩女士听到的赞誉之词实在太多，早就麻木了。然而，这位记者却另辟蹊径，从一幅小小的照片中，窥出韩女士柔情的一面，并适时地加以赞美。这一切大大出乎韩女士的预料，也让她对眼前的这位记者刮目相看。

最好的赞美是雪中送炭

口才技巧

生活中，最需要赞美的不是那些早已功成名就的人，而是那些备受冷落，或者身处逆境的人。所谓患难见真情，在别人失意时送上真诚的赞美，别人会记你一辈子。

当一个人功成名就时，赞美的话他已经听得太多，你再多赞美一句，也只不过是满足了他的虚荣心而已。但对于那些身处逆境的人来说，他们平时很难听到赞美的话，一旦被人赞美，犹如久旱逢甘霖，自信心倍增。一旦渡过难关，他们会一辈子感念你的好。

川岛大学刚毕业，没什么经验，好不容易找到一份推销保险的工作，却干得不如意。他每天出去拜访客户，均遭到冷眼和拒绝。半个月过去了，他一份保险也没卖出去。

这一天，他接连拜访了 29 位客户，依旧毫无斩获。川岛的信心跌落到了谷底，他深感自己并不适合做保险推销，决定倘若下一个客户再没有成果，就毅然放弃这份工作。

于是，他怀着忐忑不安的心情，敲开一户人家的房门。开门的是一位慈祥的老人。当老人看到眼前这个满脸沮丧的年轻人时，并没有像其他人一样，将其拒之门外，而是热情地将他请进家里，给他倒了一杯水，然后静静地听他叙述自己的遭遇。

“年轻人，”老人最后说，“虽然你没有推销出一份保险，但从你的经历中我看到了‘敬业’二字。只要始终坚持这种精神，你就一定会成功。”

老人的话犹如甘泉一样，流进了川岛干涸的心田，他深受鼓舞，并重新振作起来。几年后，川岛凭借自身的努力，终于打开了局面，业绩突飞猛进，成为公司的销售冠军。

只是简单的一句赞美，就将一个徘徊在失败边缘的年轻人拯救回来。川岛的经历告诉我们，要多做雪中送炭的事，少做锦上添花的事。举个例子，领导在位时，人们前呼后拥，对于别人的赞美，他们往往不在意。然而，一旦退休或失势，多半是门前冷落鞍马稀。这个时候，他们更在意别人对自己的态度。如果你能够适时地送上赞美，他们一定会感激不尽。

PSYCHOLOGY

AND ELOQUENCE
SKILLS

第8章
批评口才

先谈你自己的错误

口才技巧

批评对方之前，先谈谈自己的错误，承认自己也不是十全十美的人，会给对方一种心理的平衡，让你的批评听起来不再那么刺耳，从而更容易接受你的批评。

批评别人不能引起对方的反感，否则，就算你的话再有道理，对方也不会接受，甚至还会引发冲突。那么，怎样才能消除对方的防御心理呢？答案是先谈谈你自己的错误。这样做的好处是，它能够给对方一种心理平衡，让批评听起来不再那么刺耳，从而更容易接受。

1909 年，德皇威廉二世经过多年的苦心经营，终于建成一支强大的陆军、海军。随着军力的增长，德皇也变得越来越傲慢自大，经常对别国指手画脚。

有一次，威廉二世在英国做客时，竟然当众宣称，自己是唯一对英国友好的德国人，只有他才能使英国免受法、俄两国的凌辱。此言一出，整个欧洲都震惊了，大家都不敢相信一个国王会说出这样无礼的话。英国人更是出奇愤怒，差点没把他赶出英国。

威廉二世逐渐感到事态的严重性。为了平息这场风波，他屡次向布洛亲王暗示，要他替自己受过。可布洛亲王却说："陛下，恐怕没有人相信我会建议您说那些话。"

话音刚落，威廉二世便咆哮道："你认为我是头笨驴？连你都不会犯的错误，而我竟然犯了！"

布洛亲王立刻意识到自己犯了一个严重的错误。他应该先谈谈自己的错误，再批评威廉二世的言论。于是，他毕恭毕敬地说道："我绝没有此意，陛下在许多方面都远胜于我，比如海军、自然科学等。聊以自慰的是，对于历史和外交方面，我还算知道一点。"

威廉二世的脸上终于露出了笑容。危急时刻，布洛亲王成功解救了自己，而他所依赖的武器就是先谈谈自己的错误。当你批评一个人时，对方会誓死维护自己的尊严，可一旦你先谈谈自己的不足，对方就会产生一种心理平衡，对你的批评也就不再那么抵触了。

将批评夹在赞美中

口才技巧

当我们听到别人的赞美后，如果再听到其他不愉快的话，就比较容易接受了。沟通高手无不深谙此理，他们总是将批评夹在赞美中，让对方在愉快的氛围中接受批评。

理发师在给客人刮胡子之前，都要往他们脸上抹一些肥皂水，这样在刮胡子的时候，客人们就不会感到疼痛了。批评人也是一个道理，将批评夹在赞美中，既保全了对方的面子，又避免了他们的对抗心理，从而可以使其愉快地接受批评。这在心理学上称为肥皂水效应。

美国总统柯立芝有一位女秘书，人长得很漂亮，可就是工作不太认真。柯立芝总想找个机会，让她改掉这个毛病。

一天早上，柯立芝看到女秘书神采奕奕地来到办公室，眉头一皱，计上心来，他对女秘书说："你今天这身衣服很漂亮，真是个年轻漂亮的女孩子。"

柯立芝平时沉默寡言，因此，听到他的赞美，女秘书受宠若惊，脸上不由得泛起红晕。正在此时，柯立芝却突然话锋一转，说道："但也不要骄傲，我相信你能把公文处理得像你一样漂亮。"从那以后，女秘书果然把公文处理得井井有条。

人们都喜欢被人赞美，不喜欢被人批评，这是由人类的自尊心所决定的。很多领导在下属犯错时，喜欢严词批评，完全不顾下属的感受。事实证明，这种批评方式不但无法帮助下属改正错误，反而容易挫伤下属的积极性。案例中的女秘书之所以虚心接受总统的批评，是因为柯立芝在批评之前，对其进行了赞美，这样一来，批评的话听起来就不再那么刺耳了。

现实中，这种三明治式的批评还有一种增强版，即把批评夹在两次赞美中。例如，“小张，你的总结写得不错，思路很清晰。要说不足，是不是把这几处改动一下，这种说法言辞过于尖锐，容易挫伤他人的积极性。好，就这样。小伙子挺聪明，希望你再接再厉。”

反弹琵琶，引对方反躬自省

口才技巧

当我们犯错时，如果别人不但不批评，反而以美言来称赞，我们的内心会感到更加羞愧。这个现象告诉我们，有时候正话反说，比直接批评更能让对方反躬自省。

生活中，我们都有这样的体会：当我们犯错时，如果别人不但不批评，反而美言称赞，我们的内心会感到更加羞愧。原因其实很简单，我们都有“犯了错就该受到批评”的认识，一旦这种认识被打破，内心就会感到不平衡。为了消除这种不平衡，我们只好调整自身的行为来保持两者的一致性。这就是心理学上的反弹琵琶效应。

反弹琵琶效应告诉我们，有时候正话反说，比直接批评更能让对方反躬自省。

一次，著名歌唱家帕蒂拉举行独唱音乐会。可是，为他伴奏的钢琴师却自顾自弹，音乐声时常盖过帕蒂拉的歌声。帕蒂拉几次暗示，他都丝毫没有察觉。

音乐会结束后，帕蒂拉走到钢琴师跟前，热情地跟他握手，并谦虚地说：“先生，今天我很荣幸能参加你的钢琴独奏会，并用我的歌声为您伴奏，特此表示衷心的感谢！”

钢琴师先是一愣，随即明白过来，并为自己的失礼向帕蒂拉表示道歉。钢琴师在歌唱家的独唱音乐会上喧宾夺主，这是一件很不礼貌的事情。帕蒂拉虽然恼火，却也不好直接批评，于是正话反说，故意表扬犯了错本该受到批评的钢琴家，让他在羞愧中反躬自省。

巧妙暗示，间接批评更能打动人心

口才技巧

没有谁愿意在人前示短，对别人的直接批评不但容易伤其自尊，还会激起对方的反抗。如果你旁敲侧击，委婉地暗示对方，他们不但乐于接受，还会感激你。

每个人都有自尊心，假如你当面批评对方，不但容易伤害他们的自尊，还会激起对方的反抗。相反，如果你旁敲侧击，巧妙地暗示对方，他们不但乐于接受，还会感激你。

有一次，丘吉尔偕夫人克莱门蒂娜出席了某位要人的晚宴。席间，一位法国外交官对桌上的小银盘爱不释手，但碍于情面，又不好意思开口向主人索要，于是偷偷将它藏在自己的怀中。

然而，这个举动还是被女主人发现了。这是她最心爱的收藏品，一直视其为珍宝，她该怎么办呢？当面揭穿，只会让对方下不了台，最终破坏了晚宴的氛围。情急之下，她只好求助于丘吉尔夫人。

克莱门蒂娜略作思考，然后和丈夫耳语了几句。丘吉尔笑着点了点头，随即用餐巾做掩饰，也偷偷拿走了一个小银盘。然后，走到外交官的身边，神秘地对他低语道："这种小银盘真是可爱，我也拿了一个。不过，它把我们的衣服都弄脏了，我们还是把它放回去吧。"外交官听罢，很快明白了丘吉尔的意思，羞愧地将小银盘放回了原位。

一场潜在的冲突，就这样被丘吉尔夫妇巧妙地化解了。在这场危机中，丘吉尔通过模仿外交官的举动，让对方认为偷银盘的不止他一个人，从而给了对方一个台阶，维护了对方的面子，使其不致在众人面前颜面尽失。事实证明，人们愿意接受这种间接的批评方式。

把批评隐藏在玩笑背后

口才技巧

批评的话，再温和也会让人觉得脸上无光。如果你把批评隐藏在玩笑背后，用含蓄、委婉的方式表达出来，对方就会欣然接受。

批评的话，再温和也会让人觉得脸上无光。如果你把批评隐藏在玩笑背后，用含蓄、委婉的方式表达出来，对方就会欣然接受。这是一种极为隐蔽的批评方式，既不会伤及对方的面子，也不会损害你们之间的友谊。

某公司的老板很抠门，员工多次提议加薪，他却始终不肯松口。

有一次，秘书向老板汇报最近迟到的人数逐渐增多。老板说："查一查原因。"

秘书回答："原因已查明，主要是因为交通费。打车太贵，养车更不可能，各项费用加起来，开支实在太大。挤公交车像打架，还常常挤不上去，所以大家只能徒步上班。"

"这不是很好吗？既环保又节约，还可以锻炼身体，一举多得。只要每天早起一点，不就什么都解决了吗？"老板不以为然地说。

"但现在连步行也不太可能了，因为鞋袜磨损得太厉害，又没钱买新的。"秘书笑着说，"不如老板您发个告示，提倡大家赤脚走路上班，不就解决问题了吗？谁让他们命不好，发不了财，就只有吃苦呗！再说，这才是真正响应绿色环保、绿色出行呢！"

秘书边说边笑，老板也不好意思地笑了。当天下午，老板就宣布：今后每个员工每月增加 100 元的交通费。

虽然是批评，却用开玩笑的方式提出，在谈笑中让对方幡然领悟，轻松、自然，并且不伤和气，对方当然容易接受并及时改正。当然，以这种方式提出批评时，一定要注意玩笑不能开过头，否则不仅达不到批评的效果，反而会激怒对方，结果适得其反。

先引起对方的兴趣

口才技巧

批评不一定要明说，用暗示性的语言引起对方的兴趣，让他自发畅谈，最终达到自我否定的目的。这种方式既不会令对方感到不快，还能让他自觉改正错误。

在批评别人时，如果你的话令对方感到乏味，那么说得再有理，对方也听不进去。要让对方心悦诚服，不妨先引起对方的兴趣，让他自发畅谈，最终达到自我否定的目的。

林奇是个热衷于写作的孩子，但由于内容不好，总得不到高分。林奇很用功，老师有心给他指出错误，又怕这样做会令孩子难堪，同时打击他写作的积极性。该怎么办呢？

老师想了很久，终于想出一个办法。放学后，他约林奇一起散步回家，两人边走边聊："林奇，你最感兴趣的事情是什么？"

"养狗！"林奇不假思索地答道。

"真巧，我也是个狗迷。不过，我对养狗没什么经验。"老师笑着说，"你能给我讲讲养狗的秘诀吗？"

"当然可以。"林奇兴奋地说，"我家有一只狗，养了六七年了，是我最好的朋友。"谈起养狗，林奇似乎有说不完的话。他热心地向老师传授养狗的经验，并讲述他和小狗之间发生的种种趣事，不知不觉讲了一个多小时。

突然，林奇停下来说："老师，我觉得我上次写的作文主题并不好，现在我有了个新构思，不如以'宠物'为题，重新写一篇，你觉得怎么样？"

老师笑了，他摸着林奇的头说："老师相信你一定能写得很好。"

果然，林奇的这篇作文写得非常成功，并在杂志上发表了。

就这样，老师没有一句批评的话，却达到了任何批评都无法达到的效果。究其原因，就在于他巧妙地引出林奇感兴趣的话题，从而令他发掘出自己真正擅长的东西。

打人不打脸，批评要注意场合

口才技巧

人们会很自然地改变自己的想法，但如果有人当众说他错了，他会很恼火，甚至更偏执于原来的想法。这倒不是因为这种想法有多么重要，而是因为他要为了捍卫自己的尊严而战。因此，在给别人提意见，尤其是给领导提意见时，千万要注意时机和场合。

人们有时候会很自然地改变自己的想法，但如果有人当众说他错了，他会很恼火，甚至更偏执于原来的想法。这倒不是因为这种想法有多么重要，而是因为他要为了捍卫自己的尊严而战。因此，在给别人提意见，尤其是给领导提意见时，千万要注意时机和场合。

春秋时期，管仲身为齐国宰相，辅佐齐桓公数十年，为齐国的霸业立下了汗马功劳。齐桓公非常信任他，几乎把所有事情的处置权都交给了他，使得他能够顺利地推行一系列政治、经济改革。那么，管仲是如何取得齐桓公的信任呢？这与他善于进谏有很大的关系。

话说齐桓公在完成霸业后，逐渐变得骄傲自满。有一次，他在上朝时突然提出封禅泰山的想法，希望以此来彰显自己的功绩。管仲自然不赞同，但他在朝堂上并没有出言阻止。

退朝后，一位同僚问他为何刚才一言不发，管仲说，齐桓公好胜，不能当面谏阻，而要私下说服。当天晚上，管仲夜访齐桓公，向他力陈了封禅泰山的种种弊端，并以历史上帝王封禅的事例为证，说明当下国家尚不巩固，人民尚不富足，封禅的时机还远未成熟。

齐桓公听罢，无言以对，只好收回成命，放弃了封禅泰山的想法。

管仲通过私下劝阻，有效维护了齐桓公的威严，从而让后者在良好的氛围中，愉快地接受了自己的意见。领导在批评下属时，同样要顾及对方的面子，不能像泼妇骂街一样，横加指责，唯恐别人不知道。否则，极易引起下属的对立情绪，进而影响到双方的正常关系。

点破但不说破

口才技巧

生活中，当我们身边的人犯了错时，即使我们有意帮助、批评，也不可贸然说破，否则很容易让人下不了台。最聪明的做法是，点破但不说破，委婉地表达你的意见。

每个人都有自尊心，当我们身边有人做了错事时，批评固然重要，但一定要注意方式方法，切忌尖酸刻薄、直言不讳，尤其不能当众揭人之短，否则很容易让对方下不了台，最终与你死磕。对此，最聪明的做法是，点破但不说破，委婉地表达你的意见。

美国经济大萧条时期，有个家境贫寒的女孩，好不容易找到一份工作，在一家珠宝店当售货员。圣诞节前夕，店里来了一个衣衫褴褛的男子，眼睛直勾勾地盯着店里的珠宝。

女孩当时正忙着接听电话，不小心碰翻了一个装着六枚戒指的托盘。慌乱中，她捡起其中五枚，但第六枚却怎么也找不到了。这时，那个衣衫褴褛的男子突然朝门口走去，她顿时意识到戒指被他拿走了。眼看那人就要离开，女孩鼓足勇气，柔声叫道："对不起，先生。"

男子转过身，停顿了一下，然后问道："什么事?"脸上的肌肉抽搐着。

"现在找份工作真难，想必您也深有体会，对吧?"女孩黯然叹息道。

"是的，确实如此。"男子久久审视着她，终于脸上露出了一丝微笑。

"这是我的第一份工作，您能为我祝福吗?"女孩用真诚的目光注视着他。

"祝你幸福!"男子把手伸向女孩，两双手紧紧握在一起。随后，男子转身离去。女孩目送着他的背影远去，转身回到柜台，将手中的第六枚戒指放回原处。

这个故事在美国家喻户晓，它告诉我们：得饶人处且饶人。试想，如果故事中的女孩不是用这种温和的方式，而是当面揭穿对方偷窃的事实或者报警，很难想象，接下来会发生什么事情。俗话说，兔子逼急了还会咬人，更别说一个被逼到墙角的罪犯了。

不揭他人之短

口才技巧

人的自尊心其实很脆弱，有时候，哪怕是言语上的一时疏忽，都有可能引起对方的厌恶。所以，与人交往时，千万要记住：瘸子面前别说短，矮子面前别说矬。

俗话说，人活一张脸，树活一层皮。脸面就如同一个人的生命，那些生理上有缺陷、事业受挫或是家庭不幸的人，本身就已经很痛苦，如果你再把别人的短处当笑话，只会让对方更加憎恶你。因此，无论对别人多么不满，也不能揭别人的老底或拆别人的台。

杰伊是一个残疾人，由于一次交通意外，从小失去了双臂，但他凭借惊人的毅力，练习用脚指头夹住画笔作画，最终成为一代画家。这无疑让他的身体残缺多少有了点安慰。

有一次，杰伊在国外举办了一个画展。期间，一位记者前来采访他，无意中问了这样一问题："您是靠脚指头成名的，那么，对您而言，是脚更有用还是手更有用？"

虽然杰伊依靠脚指头作画实现了人生价值，但对于一个残疾人来说，生理上的缺陷是他一辈子的痛。这位不识趣的记者竟然当面触及他内心的伤疤，杰伊顿时就被激怒了，他冷冷地反问道："维纳斯雕像因为断臂而出名，那么，你认为她是有胳膊美还是没胳膊美？"说完转身而去，只留下记者一人呆立在原地，不知所措。最终，采访任务以失败告终。

人的自尊心其实很脆弱，有时候，哪怕是言语上的一时疏忽，都有可能引起对方的反感甚至是厌恶。所以，与人交往时，千万要记住：瘸子面前别说短，矮子面前别说矬。

PSYCHOLOGY

AND ELOQUENCE SKILLS

第9章 拒绝口才

学会说“不”

口才技巧

生活中，有太多人因为不懂拒绝，一味拖延，最后陷入了被动。因此，面对别人的不合理要求，要敢于说“不”，只有这样，你的生活才会变得更轻松、更美好。

对于很多人来说，拒绝别人是一件很难的事，因为他们害怕伤及对方的情面，造成两个人关系的疏远。殊不知，这样做不但于事无补，反而会给自己戴上沉重的枷锁；一旦答应的事情无法完成，还会得罪对方，徒增烦恼。所以，为人处世，学会说“不”很重要。

袁经理去二楼开会，在走廊上与小王不期而遇。小王赶紧打招呼道：“真巧，袁经理，我正想去找您呢。我最近遇到点麻烦，您经验比我丰富，所以想听听您的意见。”

看到小王如此诚恳，袁经理也不好拒绝。可没想到，小王碰到的问题还挺复杂，讲了十几分钟还没讲完。袁经理看了看手表，开会时间马上就要到了，只得打断对方说：“你的问题我一时半会儿回答不了，等我抽个时间再和你详谈，好吗？”

两天后，小王打电话来问：“袁经理，前两天向您请示的问题，您看我该怎么办？”

袁经理那天心急如焚，根本没有认真听小王讲话，但他又不好意思明说，只得再次采取拖延战术：“啊，实在很抱歉，这两天我很忙，过几天再给你答复好吗？”

谁知道，小王也是个不会拐弯的“死脑筋”，没过几天，又打来电话。袁经理一看是小王的电话，顿时觉得焦头烂额，不知道该如何应对。

袁经理的困境在生活中很常见，因为不懂拒绝，一味拖延，最后陷入了被动。因此，面对别人的不合理要求，要敢于说“不”，只有这样，你的生活才会变得更轻松、更美好。

拒绝的态度要明确

口才技巧

拒绝别人的时候，一定要态度明确。很多人认为，含糊的拒绝是给对方留情面。其实，拖泥带水、模棱两可才是对别人最大的伤害。

中国人好面子、讲情义，一个简单的“不”字，要把它说出口，有时候很难。其实，古话说得好，当断不断，反受其乱。拒绝也是如此。与其含含糊糊、拖泥带水，令对方产生误解，不如干净利落、直截了当，反而有益于解决问题。

何娜刚到公司，单身的刘经理就向她明确表示了好感，但何娜怕直言拒绝会引起对方不满，便婉言说道：“我刚来公司，不想过早地谈个人问题。”

“没关系，我可以等。”刘经理连忙说。

何娜心想，时间久了，他自然就打退堂鼓了。可没想到，过了三个月，刘经理又向她旧事重提。何娜又借口说：“我们之间缺少了解。”

“没关系，我们会有时间慢慢了解的。”刘经理连忙说。于是，他经常找机会与何娜接触，出差、饭局也常常带上何娜。眼看着刘经理的攻势越来越猛烈，何娜怕再拖下去误会更深，于是有一天，突然将男朋友带到了公司。

刘经理看到何娜和男友情意绵绵的样子，很伤心。他当着何娜男友的面对她说：“我为你付出了那么多，而你却一再玩弄我的感情。真没想到你是这样的女人!”

男友脸色大变，他狐疑地盯着刘经理和何娜。何娜想解释，可越解释越说不清，最后男友一扭头走出了公司。而早就将她和刘经理当成一对的同事也在私下议论纷纷，一时间，何娜成了众矢之的。无奈之下，她只得辞职。

其实，如果何娜一开始就直截了当地拒绝刘经理，对方就不会在她身上浪费感情，之后一系列的麻烦事也就不会出现。所以，不要以为含糊的拒绝是给对方留情面；相反，拖泥带水、模棱两可才是对别人最大的伤害。记住，该说“不”的时候就要大声说出来，不要让对方抱有幻想，否则一旦幻想破灭，带给别人的将是更大的痛苦。

诱导对方自我否定

口才技巧

对于别人的请求，不直接拒绝，而是先提出一两个问题或条件，诱使对方回答，从而得出自我否定的结论。这样，对方就算有心，也不好意思再坚持。

当对方提出请求后，不要急于回答，否则，稍有不慎，就可能令对方不快。对此，不妨换个思路，先提出一两个问题或条件，诱使对方回答，从而得出自我否定的结论。这样，对方就算有心，也不好意思再坚持，多半会选择主动放弃，从而避免伤害双方的和气。

富兰克林·罗斯福就任美国总统前，曾在海军担任部长助理一职。有一天，一位好友来访，无意间问起海军在加勒比海某岛建立军事基地的事情，并向他求证此消息的真实性。

很显然，这属于国家机密，不可随便向外界泄露。但既然好友相问，罗斯福也不便直接回绝，否则会让对方下不了台，进而影响到双方的友谊。于是，罗斯福灵机一动，故意装作很神秘的样子，朝四周望了望，然后压低声音说：“这是国家机密，你会告诉别人吗？”

“当然不会。”朋友拍着胸脯答道。

“你确定？”罗斯福故意装作不相信的样子。

“当然，我一定能保密！”朋友斩钉截铁地答道。

“那么，我也能。”罗斯福的脸上露出了狡黠的笑容。朋友先是一愣，随即明白了他的意思，两人相视会心一笑。此后，这位朋友再也没向他提出过为难的要求。

朋友在好奇心的驱使下，希望了解到真实的内幕。但军事基地是国家机密，满足对方的要求就意味着犯罪。罗斯福通过诱导法，层层设问，诱使好友自己否定自己，从而委婉地拒绝了对方提出的问题，保住了友谊。这种诱导对方否定自我的方法真可谓拒绝中的上策。

先发制人，堵住别人的嘴

口才技巧

有时候，当你发现对方要说一些对你不利的话，或者让你办一些你不想办的事情时，最好的拒绝策略就是抢先开口，给对方以明确的暗示，从而堵住对方的嘴巴。

有时候，如果对方向我们提出了要求，我们再来拒绝就会很麻烦，弄不好会伤害对方的感情。因此，当你发现对方要说一些对你不利的话，或者让你办一些你不想办的事情时，你可以抢先开口，让对方知难而退。

举例来说，有人仰慕固然是喜事，然而，如果对方并非你意中人，而他（或她）却偏偏要向你表白，这个时候，喜事恐怕就要变成尴尬事了。东汉初年，大司徒宋弘就遇到过类似的烦恼。然而，他却运用先发制人的策略，成功地拒绝了汉光武帝刘秀的提亲。

话说刘秀当了皇帝以后，事事如意，唯独姐姐湖阳公主守寡多年这件事，让他操心不已。刘秀多次派人给她提亲，可走马观花看了很多，湖阳公主就是没有中意的。一问之下才知道，原来自己的姐姐看上了才识俱佳的大司徒宋弘。于是，刘秀便谋划着给姐姐做媒。

有一天，姐弟俩商量好，由弟弟在屏前问话，姐姐则藏在屏风后偷听。不一会儿，宋弘来了。刘秀先谈了些正事，然后话锋一转，问道："俗话说，地位高了换朋友，财富多了换妻子。这难道不是人之常情吗?"宋弘早就听说湖阳公主对自己有意，听刘秀这么一问，就猜到接下来要谈什么事情了。于是，婉转地问道："我曾听说，贫贱之交不能忘，糟糠之妻不下堂。这难道不也是人之常情吗?”一番话说得是正气凛然，让人欲说无词。

刘秀听罢，知道再强求也无益，于是对屏风后的姐姐说道：“这事儿看来不成了。”

宋弘的聪明之处在于，他抢在刘秀提亲之前，表明了自己的立场。因为他知道，一旦对方开了口，再要拒绝就难了，更何况对方可是一国之君，随时可能要了自己的小命。

截断对方的问话

口才技巧

在拒绝别人时，如果我们事先知道对方的意思，可以趁他还没有说出口，或者还没有说完某种意思时，截断对方的问话，从而达到拒绝的目的。

如果在对方开口之前，我们就已经知道他的意思，而这个意思一旦说出来，就会令自己为难，那么，不妨将它堵在对方的嘴里，不让他说出来。假如对方不死心，一而再、再而三地提起此事，我们也可以三番五次地截断对方的问话，从而达到拒绝的目的。

陈鸣和王芳是同事，陈鸣一直对王芳有好感，想和对方进一步发展关系。王芳虽然没有男朋友，却不想将这份友情向爱情方面发展，于是在陈鸣想表白的时候，就有了下面一段有趣的对话。

陈鸣：王芳，我有个问题一直想问你，今天终于鼓足勇气。我想问你喜不喜欢……

王芳：我知道了，你一定是想问我喜不喜欢你上次借我的那本书。我很喜欢，真的。我反复看了四五遍，还没看够。

陈鸣：你难道看不出来我喜欢……

王芳：我怎么会看不出来呢？这本书可是孤本，我找了很多人都没借到，结果竟然在你这里发现了它。当时可把我高兴坏了！

陈鸣：其实我想……

王芳：你瞧，你不说我还真忘了，早该还给你了。我到宿舍给你取去。别忘了下次我们一起交流读书体会啊！

王芳跑远了，陈鸣终于明白王芳的心意，为了避免尴尬，他再也没提起过此事。

面对陈鸣的表白，王芳并没有直接拒绝，而是假装糊涂，拦住对方的话头，故意往别的话题上引。这样做既使对方明白了自己的心意，又保全了友谊，可谓一举两得。

借他人之口拒绝

口才技巧

当你绞尽脑汁也想不出拒绝他人的托词时，不妨找个挡箭牌，借他人之口来拒绝对方，让对方知难而退，不好再刁难你，从而全身而退。

当你想拒绝一个人，却又找不到合理的托词时，最简单的办法就是把责任推到第三者身上，借他人之口拒绝，切断对方的后路，使其无法采取别的方式再攻击你。

小严在时代商城的电器专柜工作。一天下午，一位朋友来买空调，看了许多样品都不满意，便提出要到仓库去看看。然而，公司规定，外人不得进入仓库。面对朋友的请求，小严不好意思当面拒绝，便对朋友说："你等一下，我去找主管拿钥匙。"

过了一会儿，小严回来了。他无奈地对朋友说："抱歉，我们主管说钥匙不能给我，因为经理交代过，任何人未经允许不得擅自进入仓库，否则将会被开除。你该不会让我冒这样的险吧？"朋友一听，虽然有些失望，但也只能点头表示理解。

面对朋友的不情之请，如果严辞拒绝，势必会影响双方的关系。聪明的小严没有贸然行事，而是借主管之口，表达了拒绝之意，不但坚持了原则，还赢得了朋友的理解。

这种挡箭牌策略之所以有效，是因为它有三大好处：一是容易获得他人的理解，甚至博得他人的同情；二是向对方展示自己的诚恳，令对方不好再刁难你，从而全身而退；三是保全对方的颜面，使其不致因为你的拒绝而心生不快。因此，当你绞尽脑汁也想不出拒绝他人的托词时，不妨找个挡箭牌，借他人之口来拒绝对方。这也是最安全的拒绝策略。

运用拖延战术

口才技巧

对于某些不便拒绝的请求，不妨运用拖延战术，让对方的请求变得没那么迫切。这样，即使将来你表示无能为力，对方也不会怪罪你，因为他会认为你已经尽力了。

对于别人的某些请求，即使我们做不到或不愿回答，也不便立刻拒绝，否则不但会伤及对方的情面，还会让对方觉得你不近人情。这个时候，不妨运用拖延战术，让对方的请求变得没那么迫切。例如，可以说："这件事我还得跟 × × 商量一下，明天再答复你。"

1947 年年初，胡宗南率 50 万大军进攻陕北，延安的形势岌岌可危。

美联社记者罗德里克亲历了这段历史。在结束近七个月的访问后，他即将随美国"调停团"撤离延安。临行前，他特意找到了毛泽东。毛泽东当时伫立在延安机场上，眼望着远处的峡谷，正在沉思。当他走近时，毛泽东微笑着向他伸出了手。

"可惜你要走了。把你在这里看到的如实写出来吧。"毛泽东说。

"毛先生，目前中国共产主义的前途令人担忧啊。不知将来会怎样？"罗德里克的提问很尖锐，显然他不想浪费临行前这最后一次的提问机会。

毛泽东并没有正面回答他，而是淡然一笑，然后意味深长地说："罗德里克，我邀请你两年以后到北平来看我。"

战争尚未开始，在这个关系到中华民族未来命运的关键时刻，毛泽东不宜过多谈论自己对时局的看法，但直接拒绝罗德里克的提问又显得很不礼貌，所以他采取拖延战术，邀请罗德里克两年后再会。其实，在这句话里，毛泽东已经暗示了自己的预测，显示出一代伟人高瞻远瞩的战略眼光和对未来必胜的信念。但这一切，都要留给时间去检验。

拖延战术最大的好处在于，即便几天后对方追问你，你表示无能为力，对方也不会怪罪你，因为他会认为你已经尽力了，至于结果不再强求。这样总比当面拒绝要好得多。

主动透露实情

口才技巧

拒绝别人最忌讳模棱两可，因为那很容易产生不必要的误会。与其如此，不妨主动透露实情，让对方体会到你的难处，进而知难而退，放弃自己的请求。

很多人在拒绝别人时，为了不伤和气，往往采取模棱两可的态度，不敢说出事实。然而这样做不但达不到拒绝的效果，反而容易产生不必要的误会，最终导致双方关系的破裂。其实，面对这种情况，我们不妨主动透露实情，让对方体会到你的难处，从而知难而退。

蒋纬国任装甲兵少校驻防徐州时，有一次乘火车去南京，订了一张卧铺下铺票。他走进车厢，把随身携带的手枪挂在床头，便躺下来休息。过了一会儿，进来一位少将，铺位恰好在蒋纬国的上面。但他看到蒋纬国的军衔比自己低，便命令后者躺到上铺去。作为军人，服从命令是第一天职，蒋纬国二话没说，一骨碌起身，行了个军礼，便爬到了上铺。

然而，令他没想到的是，少将刚躺下，便看到他挂在床头的手枪。也许是那把枪太过精致，少将顿生爱意，于是对躺在上铺的蒋纬国大声说："嘿，你这把手枪不错。我拿这把大的和你换，怎么样?"说着从身上掏出自己的佩枪，递给了蒋纬国。

蒋纬国一听，立刻从上铺跳下来，行了个军礼，然后面带难色地说："报告长官，上级有令我本该遵从。但是，你刚才的要求，恐怕我难以从命。"

“为什么?”少将的脸上掠过一丝不满。

“这是德国人赠送给家父的特制手枪，总共只有两把，一把家父自己珍藏着，另一把转赠给了我。”蒋纬国一本正经地答道。

“令尊是何许人?”少将追问道。

“蒋委员长。”蒋纬国答道。

少将听罢，顿时大惊失色，一溜烟出了车厢，再也没回来。

故事里的少将，仗着自己军衔高，一再对蒋纬国提出蛮横、无理的要求。蒋纬国本可以搬出自己的父亲，当面顶撞他。但他并没有那么做，而是采取了一种委婉的方式，向对方透露了实情。这样做既达到了拒绝对方的目的，又保全了对方的面子，可谓一举两得。

拒绝的同时，提供替代方案

口才技巧

当拒绝无法避免时，尽量为对方提供一个替代方案。这样，即使遭到拒绝，对方也不会太失望，甚至还会感激你，毕竟你已经尽力了。

当别人的事自己不能帮忙时，直接拒绝可能会让对方很失望，但如果你在拒绝的同时，尽可能地提供一个替代方案，对方就会明白，你对他的请求并非漠不关心，只是心有余而力不足。这样，即使遭到拒绝，对方也不会太失望，甚至还会感激你，毕竟你已经尽力了。

一天，沈浩怒气冲冲地找到罗刚，说自己的女朋友被她的领导欺侮了，他一定要找那个混蛋报仇，为女友讨回公道。由于担心自己一个人势单力薄，对付不了人高马大的领导，于是便来找好朋友罗刚，让他助自己一臂之力。

看到沈浩手中的尖刀，罗刚心中咯噔一下。他知道这是犯罪行为，不能答应，但如果直接拒绝，沈浩会出大事。他要保自己，也要救沈浩。于是，他想了一下，问沈浩：“你爱你的女友吗?”

“这还用问？当然爱！如果不爱，我会为她报仇吗？”沈浩一脸悲愤。

“但杀人是要偿命的，你应该知道。万一你因此进了监狱，失去了自己的生命，这一切还有意义吗？你的女朋友也不可能得到真正的快乐和幸福。让法律来惩治罪犯吧！你们两人还那么年轻，还有非常美好的未来，不值得为这样的人搭上自己的一生。”

罗刚的话让沈浩逐渐冷静下来。最后，他接受罗刚的建议，通过法律手段让女朋友的领导得到了应有的惩罚。

罗刚的聪明之处在于，他没有一味地拒绝好友，而是在拒绝的同时，为对方提供了一个解决办法，最终不仅挽救了沈浩，还保住了两人的友谊。如果他当时也头脑发热，帮着沈浩为女朋友报仇，后果将不堪设想。所以，当拒绝无法避免时，尽量为对方提供替代方案。

PSYCHOLOGY

AND ELOQUENCE
SKILLS

第10章
说服口才

站在对方的立场上

口才技巧

生活中很多的误解和隔阂，都是由于人与人之间的思维差异造成的。如果我们能够站在他人的立场上，真心实意地为对方考虑，就能够说服对方并赢得他们的信任。

英国有句谚语：要知道别人的鞋子合不合脚，得穿上别人的鞋子走一英里。这句话提醒我们，与人相处要学会换位思考，站在对方的立场看问题。亨利·福特曾经说过："如果成功有任何秘诀的话，就是了解对方的观点，并且从他的角度和你的角度来看事情。"

很多沟通大师都深知这一点，卡耐基就是其中一位。有一次，为了给学员们上课，卡耐基在纽约某饭店租下了一间教室。然而，就在开学前，饭店经理却突然告诉他，必须支付比以前高三倍的租金。这可真是一个晴天霹雳！要知道，学员们正等着上课呢。

怎么办？答应他吧，需要付出高昂的代价；不答应他吧，又得找其他地方上课。思来想去，卡耐基决定亲自登门拜访。见到经理后，聪明的卡耐基并没有兴师问罪，而是先肯定了对方的做法，"老实说，收到你的信，我很吃惊。不过，我并不怪你。如果我是你，可能也会这样做。毕竟你是饭店的经理，有责任要求更高的回报……"

接着，卡耐基拿出了纸和笔，为他认真分析了涨租金对饭店的利弊。好处是饭店增加了收入，坏处是失去了一笔生意。然而，更重要的是，饭店将因此失去一次绝佳的免费宣传机会，因为卡耐基的课程吸引了很多高学历、有修养的人来饭店，他们可是高消费群体。

就这样，卡耐基通过换位思考，成功说服了饭店经理，将租金涨幅降至 50%！综观整个过程，卡耐基始终站在对方的立场上，真心实意为对方考虑，最终赢得了对方的信任。

让对方觉得那是自己的主意

口才技巧

每个人都有表达自己的意愿，也渴望实现自己的想法。因此，如果你想说服对方接受自己的想法，最好的办法就是让对方觉得这个想法是他自己的。

我们都有过这样的经历：当我们试图说服别人去做某件事情的时候，他们多半不乐意。然而，如果我们从对方的角度出发提出这个问题，同时引导他们对此作出评价，然后再将自己的观点融入对方的观点之中，对方多半会欣然接受我们的建议。

这个策略之所以奏效，是因为每个人的观点和立场都是不同的，而且他们只对自己以及与自己相关的人或事情感兴趣。所以，如果你从对方的观点出发去接近他们，对方会在潜意识里相信这一切都是源于自己的创意，而不是沿袭他人的思想。这在某种程度上激发了他们的自尊心，让他们感觉自己很重要，从而更愿意接受你的意见和想法。

著名报业大亨威廉·赫斯特早年曾运用这个策略，成功地说服漫画家托马斯·纳斯特为自己重新画了一幅漫画。当时，旧金山的电车横行肆虐，造成了很多伤残惨剧。为了减少此类事故的发生，赫斯特想通过漫画的形式来敦促电车公司在电车前加装保险杠。

然而，纳斯特的第一幅画令他很不满意，于是，他决定让这位曾经创作过《驴象之争》的著名漫画家重新画一幅。但这并不容易，直接跟对方说，势必伤及对方的自尊心；不说吧，原来的漫画又不能用。怎么办？思来想去，赫斯特终于想到一个绝妙的办法。

一天晚上，当他和纳斯特共进晚餐时，他极力赞美那幅画，然后话锋一转，说道："这里的电车已经造成了很多孩子伤残。我有时候在想，这些电车司机哪里像是人，他们简直就是吃人的恶魔。他们开车从来不动脑子，总是横冲直闯地撞向那些当街玩耍的孩子。"

听到这里，纳斯特忍不住跳了起来，他大喊道："天哪，赫斯特先生，我保证可以画出一幅完美的漫画，请你把原来那张撕掉吧，我会重新画一幅给你。"

说完他就赶回宾馆，兴奋地挥舞着画笔，一直忙到了深夜。第二天，他果然给赫斯特送来了一幅足以让电车公司睡不着觉的心血之作。

要知道，这一切，并不是赫斯特强制的结果。事实上，在整个过程中，他压根儿就没有向纳斯特提出过重画这样的要求。然而，在他的诱导下，纳斯特却主动提出重画的愿望。而且在纳斯特看来，这一切完全是自己无意中想到的绝妙构思。

这正是赫斯特的高明之处，他在不动声色间达到了自己的目的，而对方却丝毫没有不情愿，甚至还非常开心。

强调相似之处，让对方把你当自己人

口才技巧

人际交往中存在一种倾向，对于自己比较亲近的对象，人们更愿意去接近。这是因为在人们的潜意识里，已经把他们当成自己人。这就是心理学上的自己人效应。

生活中，两个陌生人见面，如果发现对方是自己的老乡或校友，彼此间的感情会急剧升温，并产生亲切感。而那些你喜欢的人，也必然是与你有相似之处的人，例如与你有共同兴趣和爱好、共同经历的人。这在心理学上称为自己人效应。该效应告诉我们，要获得对方的信任，让自己的话更有说服力，只需让对方把你当自己人即可。

1860年，林肯作为共和党候选人参加总统竞选。他的对手是大富翁道格拉斯。道格拉斯租用了一辆豪华列车，沿街进行宣传，他嘲笑林肯是个乡巴佬，并扬言要让林肯闻一闻他身上的贵族味儿。面对道格拉斯的挑衅，林肯巧妙地进行了回击。

在朋友赞助的马拉车上，林肯说出了下列这番令选民们热血沸腾的话："有人问我，你有多少财产？我告诉大家，我有一个妻子和儿子，他们都是无价之宝。此外，我租用了一间办公室，里面有一张桌子、三把椅子，墙角还有一个大书架，架上的书值得每个人一读。我本人又瘦又高，脸蛋很长，不会发福。我实在没什么可依靠的，唯一可依靠的就是你们。"

正是这番肺腑之言，深深地打动了无数选民，让他们体会到林肯热爱民众的深厚感情。最终，林肯凭借实力，成功击败了对手，成为美国历史上最伟大的总统之一。

向对方施以小恩，让他产生亏欠心理

口才技巧

每当受人恩惠时，我们都会有一种亏欠感，为了摆脱它，我们会想尽办法回报对方，以求内心的平衡。实验证明，在说服别人时，亏欠感甚至比好感更有影响力。

每当受人恩惠，我们都会有一种亏欠感，这种感觉如芒刺在背，令人浑身不自在。为了摆脱它，我们会想尽办法回报对方。例如，商场里的推销员请你免费品尝样品，一旦你尝过后，就再也没有理由拒绝购买。这就是心理学上的互惠原理。

2005 年 4 月，冰岛政府不顾美国的反对，以压倒性的投票同意国际象棋大师，同时也是美国逃犯的菲舍尔加入该国国籍。是什么原因，让冰岛政府冒着与美国交恶的风险，接受一名美国逃犯呢？要弄清事情真相，就要从三十多年前的那场比赛说起。

1972 年，国际象棋冠军赛在冰岛举行。菲舍尔过五关斩六将，一路杀进决赛。他的对手是苏联国际象棋大师斯帕斯基。这是一场世纪之战，引起了全世界的广泛关注。

最终，菲舍尔以 125：85 的总比分赢得比赛，成为历史上第 11 位国际象棋世界冠军。冰岛也同样成为这场比赛的大赢家，通过媒体的报道，之前默默无闻的冰岛开始为世人所熟知。

对此，冰岛人民铭记于心，尽管很多人并不喜欢菲舍尔，但他们还是很感激菲舍尔对冰岛的贡献。于是，时隔三十多年后，他们以提供庇护的方式来报答他。

这段有趣的历史告诉我们：有时候，亏欠感甚至比好感更有影响力。因此，如果你想说服一个人，不妨向对方施以小恩，让他产生亏欠心理，这样他就会全力支持你。

尽量让对方说“是”

口才技巧

要想说服别人，一开始就让对方不反对，是实在要紧不过的事情。事实上，我们得到的肯定答复越多，我们就越能够为自己的意见争取主动权。

两千多年来，苏格拉底一直被人们尊称为“最有智慧的说服者”。他的秘诀是什么？很简单，就是尽量让对方说“是”。直到今天，这种方法仍不失为最聪明的劝诱法。

为什么在说服别人时，要尽量让对方说“是”呢？这是因为，人们一旦说“不”，自尊心就会驱使他们固执己见；即使意识到自己的错误，他们也会坚持到底。因此，要想说服别人，一开始就让他不反对，是实在要紧不过的事情。这在心理学上称为欧弗斯托原则。

很多经验老到的推销员和谈判高手都深知这个道理。他们每次谈判前，都会和对方闲聊几句，以这种方式来诱使对方作出肯定的回答。美国西屋电气公司的推销员埃里森就是运用这种策略，成功地说服一位大客户继续购买自己的产品的。

当时，埃里森正准备和这位大客户续签合同。可是，等他赶到那家公司时，对方的总工程师却说：“埃里森，我们不准备再买你的电机了。”经过了解，原来是对方觉得埃里森的电机太热，会烫到手。埃里森明白，这个时候和对方争辩毫无益处。

于是，他对总工程师说：“史密斯，我非常赞同你的说法，如果电机确实过热，你当然不能买。毕竟你花了钱，总不希望买到热量超标的电机，对吧？”

“是的。”史密斯回答道。

“按照电工协会的规定，电机的温度最多只能比室温高 72 华氏度，对吧？”

“是的，可是你的电机已经超过了这个温度。”史密斯说。

“你们车间的温度是多少？”埃里森问他。

“75 华氏度。”史密斯想了想，然后答道。

“这就对了，”埃里森说，“75 华氏度加上 72 华氏度等于 147 华氏度。如果你把手放到 147 华氏度的水里，你的手会不会被烫伤呢？”

“是的。”虽然不情愿，史密斯还是不得不承认。

“那么，”埃里森继续说，“我建议你不要把手放在 147 华氏度的电机上。”

“我想你是对的。”史密斯回答道。

谈判结束了，整个过程没有争辩。埃里森不但消除了对方的偏见，而且成功地说服对方继续购买自己的产品。他的策略很简单，那就是始终让对方作出肯定的回答。

让权威替你说话

口才技巧

古人云，人微言轻，人贵言重。对于权威和专家的话，人们总是有一种敬畏感。因此，在说服别人的时候，如果能借助权威的力量，势必会增强我们的说服力。

如果有人告诉你，你这个年龄段的人吃补品大有裨益，而对方不过是个普通人，你一定会心存疑虑。然而，如果对方是中国营养协会的博士，你一定会深信不疑。这就是心理学上的权威效应。与普通人相比，人们更愿意相信权威的话，这是千百年来颠扑不破的真理。

五百多年前，著名航海家麦哲伦正是利用这个原理，成功说服当时的西班牙国王，开始了自己的环球探险生涯。在麦哲伦之前，很多骗子受哥伦布的启发，打着航海的名义，到处招摇撞骗，因此，国王对所谓的航海家都持怀疑态度。

怎么办呢？麦哲伦百般思量，终于想到一个主意。他邀请当时著名的地理学家路易·帕雷伊洛和他一同前往王宫，说服当时的西班牙国王卡洛尔罗斯。结果，正是帕雷伊洛在国王面前合情合理的叙述，以及他对麦哲伦航海必要性的分析，最终说服了国王。

尽管事后人们发现，帕雷伊洛当初对世界地理的认识并不全面，甚至错误百出，但这一切都已经不重要，因为国王正是在他的权威暗示下，最终成全了麦哲伦的伟大航行。

在这次著名的游说中，麦哲伦对权威效应的运用，是他成功说服国王的关键。有意思的是，权威效应的威力是如此巨大，以致即使你不是真正的权威，只要带点权威的象征，就足以让人们放弃思考，进入唯唯诺诺的状态。例如，在牙膏广告中，只要出现穿白大褂的人，你就会马上联想到医生，从而相信牙膏会有不错的疗效。

巧借群体压力，迫使对方顺从

口才技巧

人们会受到多数人的影响，而跟随他们的行为或思想，这就是心理学上的从众效应。从众效应告诉我们，在说服别人的时候，任何证据的效果都比不上别人的行动。

每个人内心深处都有一种社会认同感，我们渴望成为群体的一员，而不是做一个特立独行的人。为了获得他人的认同，我们常常放弃自己的意愿，接受别人的观点。尤其是当我们对自己缺乏信心时，我们更有可能接受并参照别人的行为。这就是心理学上的从众效应。

1952 年，心理学家阿希用一个精彩的实验，证明了从众效应的巨大威力。他拿出两张卡片，一张上面画着一条垂直线，另一张上面画着三条相似的线。然后，让志愿者对比两张卡片，说出三条相似线条中哪一条和垂直线一样长。为了突出实验效果，他故意将其中的两条线画得长短不一，以至于小孩都能给出正确答案。同时，他还给志愿者设下一个圈套：在这些志愿者里，有些并不是真正的志愿者，而是配合阿希做实验的人。他们的任务是，在真正的志愿者说出答案之前，抢先说出自己的答案。当然，这些答案全都是错误的。

实验结果令人吃惊。在单独进行测试时，所有的志愿者都给出了正确的答案。然而，当听到其他人的答案都一样时，他们即使知道是错误的，也会跟随大多数人，说出错误的答案。仅仅是其他人所说的话，就足以改变人们的观点，这就是从众效应的威力！

从众效应给我们的启示是，在说服别人时，任何证据的效果都比不上别人的行动。聪明的商家常常利用人们的这种心理来推销自己的产品。例如，面对犹豫不决的顾客，他们会说“这种款式在我们这里卖得很好”“这个户型已经有很多人预订”，如此等等。

故意制造短缺，让对方感到机不可失

口才技巧

当某种东西非常稀少，或者越来越稀少时，它就会变得更有价值，这就是短缺原理。该原理告诉我们，通过故意制造短缺，可以极大地影响对方的行为。

人们都有这样的心理：越是得不到的东西，就越渴望得到。因此，如果你告诉对方货源紧张，再犹豫的话很可能错失良机，他就会立刻决定购买。房地产开发商经常利用这种策略来诱使购房者早下决断。他们会对顾客说：“这个户型很紧俏，现在只剩下最后几套了。你要是不早作决定的话，或许就买不到了。”顾客一听，十有八九会赶紧掏腰包、付定金。

话说当年，八国联军侵入中国时，慈禧太后为了逃避战乱，一路颠沛流离，来到了山西。在乔家大院，乔家人用野菜团招待了她。没想到，在宫中享尽天下美食的慈禧，居然对此赞不绝口。倘若在宫中，野菜团当然算不上美味，但对于逃难中的慈禧，它可比任何美味都要可口，毕竟它填饱了肚子。这个例子形象地解释了心理学上的短缺原理。

短缺原理告诉我们，某种东西越是稀少，它就越有价值，人们就越有可能注意到它。所以，通过故意制造数量上的短缺，会让对方感到机不可失，从而促使对方更快作决定。

除了数量短缺，人们有时还会制造时间短缺。比如，商场经常会搞限时抢购活动，在规定时间内搞促销，以激发人们购买的欲望。当人们看到截止日期只剩下最后一天或者最后一个小时，哪怕自己不需要，也会一时冲动，加入抢购大军，只为了抓机会，不让它溜走。

先提小要求，再提大要求

口才技巧

人们一旦接受了一个微不足道的要求，为了给别人留下前后一致的印象，就有可能接受更大的要求。因此，如果你想请对方帮个大忙，不妨先让他帮你个小忙。

我们每个人都有一种保持形象一致的愿望，一旦我们表现出友善的一面，就会努力维持这一形象，哪怕有时会超出自己的底线。因此，在说服别人时，不妨先提出一个小要求，让对方无法拒绝，然后再提出一个较大的要求，这样，对方为了保持形象一致，就不好意思拒绝了。这种现象在心理学上称为登门槛效应，也叫得寸进尺效应。

一个风雨交加的晚上，饥寒交迫的乞丐敲开了富人家的大门，对前来开门的仆人说：“让我进去吧，我只要晾干衣服就走。”仆人心想，这点要求不算过分，于是就答应了。

在富人家的火炉旁，乞丐边烤衣服，边对厨娘说：“能借我一口锅吗？我要煮石头汤。”“石头汤？”厨娘很惊讶，她想看看石头是怎么熬成汤的，于是答应了。

乞丐在路边捡了个石头，洗净后放到锅里，加入水，然后对厨娘说：“可是，我总得放点盐吧？”厨娘觉得这没什么，于是又答应了。

接下来，乞丐如法炮制，先后从厨娘那里要来了蔬菜和肉末。最后，一锅鲜美的肉汤就这样出炉了。乞丐把石头捞出来扔掉，然后抱着锅痛快地喝了起来。

真是个聪明的乞丐！他知道，如果一上来就要一锅肉汤，势必会遭到对方的拒绝。于是，先提出一个让对方无法拒绝的小要求，之后再一步步引导对方，直到达到自己的目的。

欲让对方点头，不妨先让对方摇头

口才技巧

在提出自己真正感兴趣的要求之前，先提出一个较大的要求，当这个要求被拒绝后，对方答应我们的可能性就会增加。所以，欲让对方点头，不妨先让对方摇头。

在提出自己真正感兴趣的要求之前，先提出一个较大的要求，当这个要求被拒绝后，对方答应我们的可能性就会增加。这种现象在心理学上称为留面子效应。之所以会这样，是因为当较大的要求遭到拒绝后，再提出一个较小的要求时，对方会认为这是一种让步，根据互惠原理，他也有义务作出妥协，于是，这个较小的要求就很容易被满足。

1972年6月发生的“水门事件”，为留面子效应提供了极佳的案例。当时，美国总统尼克松的竞选班子实施了一个愚不可及的计划，他们闯入民主党全国委员会在水门大厦的办公室，企图安装窃听器并偷拍有关文件，结果被当场抓获，史称“水门事件”。该事件直接导致尼克松总统于1974年8月引咎辞职，成为美国历史上首位辞职的总统。

堂堂现任总统的竞选班子，竟然潜入对手的办公室窃取情报，这听起来有些不可思议。更令人费解的是，当时尼克松的民众支持率很高，竞选连任可谓唾手可得，而他们潜入的办公室，实际上并没有多少有价值的情报。那么，这样愚蠢的计划又是如何通过的呢？

这个疑问一直困扰着人们，直到后来，大量的相关资料被曝光后，人们才了解到：原来这个耗资 25 万美元的计划并不是第一个计划，在此之前，该计划的策划者戈登·利迪还提出过两个计划。第一个计划需要耗资 100 万美元，包括一架拍摄用直升机、一艘载有应召女郎的高级游艇，以及一支执行绑架抢劫任务的小分队。在这个复杂的计划遭到否决后，利迪又抛出第二个计划，删除直升机和应召女郎等内容，将费用降至 50 万美元，但这个计划也被否决了。最后，当利迪提出第三个计划时，决策者们碍于情面，最终选择了支持。毕竟利迪已经作出了两次让步，更何况，与最初的计划比起来，这个精简版的计划已经好多了。

把重点放在最后

口才技巧

> 末轮效应告诉我们，与第一印象相比，最后印象往往更加重要。因此，当你想说服别人，或者想表达某些难以启齿的事情时，记得把重点放在最后。

说话时，表达的顺序很重要，同样一件事，只要改变表达的顺序，给人的印象就会截然不同。例如，“小王工作很努力，但效率不高”和“小王效率不高，但工作很努力”，前者给人否定的感觉，后者则给人肯定的感觉。之所以这样，是因为末轮效应使然。

末轮效应指出，在人际交往中，与第一印象相比，最后印象往往更加重要。这一现象背后有心理学的支持。心理学家丹尼尔·卡恩曼经过研究后发现，最后印象决定了给人感受的好坏。例如，约会迟到时，只要能在临别前好好道歉，就能给对方留下好印象。

学过日文的人都知道，日文有一个特点：句尾比句首重要。所以，日本人说话，总喜欢将重点放在最后说。其实，不光是日本人，几乎所有人都习惯将最重要的事放在最后说。

将末轮效应的威力发挥到极致的人，莫过于晚清名臣曾国藩。太平天国起义期间，曾国藩奉命与太平军作战。交战初期，湘军屡尝败绩。曾国藩心灰意冷，甚至两度投水自尽，都被随从捞起。其间，他上疏朝廷请罪，说自己屡战屡败，无颜面见圣上。

其幕僚李元度看过后，认为不妥，建议他将“屡战屡败”改为“屡败屡战”。曾国藩接受了这个建议。结果，朝廷看到他的奏折后，认为他虽然屡遭败绩，仍然顽强战斗，忠心可嘉，因此，不但没有严议他，反而更加重用他。

从“屡战屡败”到“屡败屡战”，虽然只是词序上的简单改变，却反映出对待失败时两种截然相反的人生态度。“屡战屡败”反映出的是心灰意冷、意志消沉的悲观情绪，而“屡败屡战”反映出的是一种毫不气馁、百折不挠的顽强意志。试想，假如曾国藩当初使用“屡战屡败”这样的表述，他就不会得到朝廷的重用，更别说成为清末中兴的四大名臣之一。

因此，当你想说服别人，或者想表达某些难以启齿的事情时，记得把重点放在最后。

和对方站在同一条船上

口才技巧

生活中，有些事情需要别人配合，如果别人不愿出手，这时最有效的办法就是将对方的利益和自己捆绑在一起。这样，不用你叮嘱，对方也会积极配合。

两个陌生人，如何建立起牢固的关系？答案是，将双方的利益紧紧地捆绑在一起，休戚与共，自然就能同心协力。必要时，不妨向对方让渡一点利益，让对方加入进来，到时候他帮助的就不仅仅是你，还包括他自己。有了这个基础，你还用担心他不尽心尽力吗？

从前有一对邻居，一个是猎人，一个是牧羊人，两家的院子仅隔着一道低矮的栅栏。猎人每次打猎归来，都会将猎狗放在院子里，并不圈起来。猎狗时常跳过栅栏，跑到牧羊人的院子里去捣乱，追着羊群跑，并袭击小羊羔。牧羊人向猎人抗议过好多次，让他将猎狗圈起来。猎人每次都答应得很好，但一转身就忘了。

有一天，牧羊人终于忍无可忍，将猎人告上了法庭。法官听完诉状后，对牧羊人说："你俩是邻居，一旦撕破脸，大家势必会变为仇人。难道你愿意一个仇人住在你的隔壁？"

"那我该怎么办？"牧羊人问。

法官教给牧羊人一个办法。牧羊人回去后，挑了两只最可爱的小羊羔送给了猎人的孩子们，孩子们非常喜欢小羊羔，经常在院子里和小羊羔玩耍。猎人怕猎狗伤害小羊羔，便将猎狗圈起来，一刻也不敢忘，再也不用牧羊人提醒。就这样，困扰牧羊人多年的问题终于得到解决。

牧羊人用两只小羊羔的代价换来羊群的安全，可谓一劳永逸。这个办法之所以奏效，是因为他将对方的利益和自己牢牢地捆绑在一起。双方有了共同的利益，不用牧羊人叮嘱，猎人也会积极配合。从这个角度来讲，对方是在帮助自己，而不是在帮你。但这又有什么关系呢？通过和对方站在同一条船上，你达到了自己的目的，这才是最重要的。

制造共同的敌人

口才技巧

当遇到别人的语言攻击时，谈话高手往往会制造出一个共同的敌人，以此来转移对方的注意力，降低双方的对立感，从而减少不必要的损失。

生活中，我们经常会遇到别人的语言攻击。对此，如果我们针锋相对，极易形成对峙的局面，无论输赢，都不利于今后的交往。谈话高手遇到这种情况，往往会制造出一个共同的敌人，以此来转移对方的注意力，降低双方的对立情绪。

教法文的任老师语言偏激，批评学生不留情面，不少学生对此耿耿于怀。

有一天，任老师在法文课上，不小心犯了个明显的错误。这可让平日里对他颇有怨言的学生们抓住了机会，课代表郭佳立即站起来，毫不客气地指出了这个错误。学生们都屏住呼吸，想看看这个平时飞扬跋扈的老师如何应对。

任老师有些尴尬，但他很快恢复了平静，一脸严肃地对学生说："郭佳能看出这么不起眼的错误，说明他听课很认真。如果你们每个人都像他一样，我就放心了。"

说到这里，他顿了顿，继续说："下学期，你们会有一门必修课，给你们上课的是我当年的老师。他治学严谨、要求严格，在全校都是有名的。我一开始还替你们担心，如果你们达不到他的要求，他很可能会给你们不及格，当年我很多同学都在他手里栽过。"

台下的学生们发出一阵惊呼声。任老师继续说:"这也是我为什么对你们要求严格的原因。如果你们达不到我的要求，那么，想达到他的要求就难了。"

任老师不愧是一位经验丰富的老师，面对学生的挑衅，他没有正面回击，而是先表扬了郭佳，然后话锋一转，制造出一个共同的"敌人"，并告诉同学们，他之所以要求严格，是为了帮助他们达到"敌人"的要求。这样一来，同学们的注意力就被转移了，大家都在担心接下来该如何应对那个"敌人"，至于任老师所犯的错误，他们早就抛之脑后。

请将不如激将

口才技巧

在说服别人时，我们可以故意说一些略带贬损，或不太公正的话，激起对方维护自我形象的欲望，进而说服对方改变原来的立场和态度。

我们都玩过弹簧。一根弹簧，越是往下压，其反弹的势能就越大。人也一样，当一个人的自尊心受到伤害时，会产生极强的逆反心理，从而导致情绪上的爆发。这种情绪上的爆发往往蕴含着极大的能量，如果我们往正确的方向引导，就会产生积极的效果。

激将法运用的就是这个原理。在说服别人时，我们可以故意说一些略带贬损，或不太公正的话，激起对方维护自我形象的欲望，进而说服对方改变原来的立场和态度。

《三国演义》中诸葛亮智激周瑜联吴抗曹的故事，想必大家都耳熟能详。在现代职场中，类似这样巧用激将法，令对方丧失理智，进而乘虚而入、一举获胜的事例同样数不胜数。

甲、乙两家公司共同竞标某市政厅办公大楼的改建项目。竞标前，甲方探知乙方代表由三人组成，其中两人才识平庸，唯有一人经验丰富、才识过人，是一名技术员，但他有个缺点——非常自负。于是，甲方通过协商，制定了一个竞标策略。

竞标时，甲、乙双方一见面，甲方就对乙方那两人热情有加，不但对他们的能力大加赞赏，而且还恭敬地对两人说："两位的大名，我们早就有所耳闻。贵公司之所以取得今日的成就，完全仰仗你们两人的功劳，其他人不过是陪衬而已。"

竞标过程中，甲方又谦恭地向两人请教问题。而当那个技术员发言时，则故意装出一副不屑的样子，甚至数次打断他的话。这种歧视令该技术员愤怒到了极点。他"嗖"一下站起来，怒道："好，你们有本事，自己谈去!"说完拂袖而去，只剩下那两人立在原地、不知所措。

最终，发标单位同甲方签订了承包协议。

在这次竞标前，双方本来势均力敌，鹿死谁手还很难说。然而，竞标一开始，甲方就巧妙地运用激将法，成功离间了对方的三名成员，导致其骨干负气离去，最终败走麦城。

巧用比喻，增强感染力

口才技巧

当某个问题比较复杂，三言两语难以讲清时，不妨巧用比喻，引入另一件事情，从而把要表达的事情说得更生动、更具体，以增强说话的感染力。

有时候，当你觉得某个问题三言两语难以讲清，即使费尽口舌，对方也不一定明白时，不妨运用联想或想象，引入另一件事情，从而把要表达的事情说得更生动、更具体，以增强说话的感染力，起到事半功倍的效果。这就是我们常说的比喻。

王宠惠是我国现代著名法学家。有一次，他受邀赴伦敦参加外交界的宴会。席间，有位英国贵妇问他："听说贵国男女在结婚前都没谈过恋爱，甚至连面都没见过，是吗？"贵妇停顿了一下，用轻蔑的眼光看着王宠惠，"那也太落后了吧？看我们英国，都是经过长期恋爱后才结婚的。彼此了解，感情深厚，这样的婚姻才会美满嘛！"

面对英国贵妇的浅薄无知，王宠惠并没有争辩，而是微笑着说："非也。这就好比两壶水，我们的一壶是冷水，在婚姻这个炉子上逐渐升温，最后达到沸腾。所以在我国，虽然婚前冷淡，但婚后夫妻的感情很好，鲜有离婚的。而你们的一壶是热水，虽然先沸腾，但婚后却慢慢冷却下来，这或许就是贵国离婚率高的原因吧。"

一番话说得举重若轻，无可辩驳。贵妇听了自觉没趣，只好灰溜溜地走开了。

贵妇的问题涉及中英两国截然不同的文化习俗和婚姻观，长篇大论不合时宜，三言两语又解释不清楚，言辞反驳更容易伤和气。于是，王宠惠巧用比喻，生动、形象地说明了问题的本质，把对方驳得哑口无言，真可谓言简意赅、精辟深刻。

以退为进，赢得对方的信任

口才技巧

要想说服对方，最重要的是消除对方的戒备心理。为此，我们可以采取以退为进的策略，故意说一些不利于己方的话，以此来赢得对方的信任。

每个人都有一种戒备心理，对于别人的话，总是持一种怀疑态度。尤其是当你一味地强调好的一面时，对方就更加怀疑你的动机。遇到这种情况，与其步步紧逼，令对方产生不信任的心理，倒不如以退为进，故意说一些不利于己方的话，从而消除对方的戒备。

在1787年的美国制宪会议上，富兰克林就运用这种策略，成功地说服了反对派。

当时，赞成派和反对派进行了激烈的交锋，双方各持己见、互不相让，会场上弥漫着浓浓的火药味，气氛十分紧张。正当两派人马僵持不下时，属于赞成派的富兰克林突然站起来说："实际上，对于这部宪法，我也还存在一些异议。"

此言一出，众人哗然。大家都向富兰克林投去怀疑的目光，不知道他意欲何为。

这时，富兰克林停顿了一下，不慌不忙地说道："实不相瞒，我和你们一样，对这部宪法是否正确持怀疑态度。但我想说的是，它是否正确需要时间来验证，而不是像我们这样在这里进行无谓的争论。正是出于这种考虑，我决定签署宪法……"

富兰克林的一番话引起了反对派议员们的沉思，他们不再言辞激烈地反对宪法，而是以一种信任的态度来讨论这件事，最终美国宪法在大家妥协中诞生了。

这个故事告诉我们，要想说服对方，最重要的是消除对方的戒备心理。为此，我们可以采取以退为进的策略，故意说一些不利于己方的话，以此来赢得对方的信任。

PSYCHOLOGY

AND ELOQUENCE
SKILLS

第11章
办事口才

多谈对方感兴趣的事

口才技巧

人们最感兴趣的话题是什么？是他们自己！当你谈论他们，以及与他们相关的事物时，他们会马上变得兴致勃勃，而且完全入迷，对你的好感也就油然而生。

很多人喜欢以自我为中心，张口闭口就是“我怎么……我怎么……”殊不知，这是人际交往中最令人讨厌的行为之一。如果说朋友聚会，你还可以自我一点，那么求人办事，如果还摆出这副姿态，等待你的恐怕只能是闭门羹。

查尔斯是一个批发海鲜产品的小老板，他一直想把自己的海鲜产品卖给一家大酒楼。半年时间，他多方奔走，甚至每天打电话，试图搭上关系，但都失败了。

后来，查尔斯经过多方打听，得知那家酒楼的经理是当地越野车协会的会员，而且正试图成为该协会的会长。了解到这一情况后，查尔斯决定再去拜访他一次。

第二天，当他们见面的时候，查尔斯并没有谈订购海鲜的事，而是和对方大谈越野车协会的事。结果，对方马上来了兴趣，和查尔斯滔滔不绝谈了一个多小时，直到下午五点钟才意犹未尽地结束了谈话。两天后，酒楼经理给他打来电话，让他把海鲜的价目表带过去。

人们最感兴趣的话题是什么？不是你，不是别人，而是他们自己！当人们说起自己，以及与自己相关的事物时，通常会表现得异常兴奋，表现欲极强。当你满足他们的表现欲，跟他们谈他们感兴趣的话题时，他们的自尊心会得到极大的满足，进而便对你产生好感。

先问问对方的意见

口才技巧

每个人都不愿被别人忽视和遗忘。因此，做事之前，一定要先征求对方的意见，只有这样才能把事情办好。否则，凭自己的想当然，贸然行事，只会适得其反。

无论出于什么目的，做事之前，一定要先征求对方的意见，这是对人起码的尊重。如果你先斩后奏，极易造成他人的反感和不快，就算你用“好心办坏事”来为自己开脱，也不一定能得到对方的谅解。因为人人都希望得到别人的尊重，不愿被别人忽视和遗忘。

格洛丽亚·斯泰纳姆是美国著名的女权运动领袖。当她还在念大学时，有一次，跟随教授去野外考察。在河边，她发现一只体形庞大的海龟。当时，这只海龟已经翻过河岸，正努力朝马路上爬行，一旦爬到马路上，就有可能被来往的车辆碾到，情况十分危急。

出于好心，格洛丽亚用尽全身力气，连拖带拽，好不容易将笨重的海龟推回到河里。

格洛丽亚正为自己的善举沾沾自喜，不料教授看到后，生气地责怪她：“这只海龟在路边的泥里孵蛋，它也许花了整整一个月的时间才爬上岸，而你却不由分说将它推回到河里！你想过它会是什么感受吗?”

格洛丽亚顿时愣住了，她没想到自己的好心却办了坏事，心中十分沮丧。

这件事令格洛丽亚印象深刻。多年以后，当她在史密斯大学作演讲时，曾经感慨道：“无论员工还是领导，都要仔细观察、悉心研究，真正做到设身处地为他人着想，只有这样才能把事业做好。否则，凭自己的想当然，贸然行事，结果只会适得其反。”

借别人的口，说自己的话

口才技巧

有些话，自己不方便说，说了容易引起误会或矛盾。此时，不妨借别人的嘴，说自己的话。这样一来，即使对方不同意，要发怒，也不好意思怪罪到你头上。

有些话，在某些场合，自己不方便说，说了容易引起误会或矛盾。这个时候，我们不妨借别人的嘴，说自己的话。当你引用别人的话时，首先，表示你不孤立；其次，把别人拉进你的阵营。这样一来，即使对方不同意，要发怒，也不好意思怪罪到你头上。

例如，赞美的话，借别人之口说出来，就不会显得谄媚；难堪的话，借别人之口说出来，就变得不再尴尬；有风险的话，借别人之口传出去，便有了进退的余地。

小王是某装饰公司的推销员。有一次，到县教育局去推销窗帘，偶然听局长提到百货公司的石经理是他的老朋友，于是便向局长要了石经理的地址，并登门拜访。

作过自我介绍后，小王说："多亏李局长的引荐，我才能找到贵公司。李局长多次跟我提起您，说您为人仗义、乐于助人，是他多年的老朋友。这不，听说贵公司新建的大楼还没装窗帘，李局长就介绍我来了。他说如果您能帮上忙，就一定不会推辞的……"

只是简单的几句话，这笔生意就谈成了。小王的高明之处在于，他始终没有提自己，而是借李局长的口，说出自己的意图，令对方不好意思拒绝，从而达到自己的目的。

需要注意的是，虽然借别人之口有诸多好处，但运用时切忌添油加醋、无中生有，否则很容易引起别人的反感。尤其是对别人不利的话，如果让对方听出这实际上是你自己的意思，就会更加厌恶，从而造成双方关系的恶化，甚至反目成仇。

会兜圈子，才不会碰钉子

口才技巧

在人际交往中，心直口快固然讨人喜欢，但有时候，过于直白的表述却令人难堪。因此，必要的时候，要学会兜圈子，只有这样才能更好地与人相处，避免结怨。

在人际交往中，心直口快固然讨人喜欢，但有时候，过于直白的表述却令人感到难堪，轻则影响双方的关系，重则会激怒对方，从此与他人结下怨仇。

举个简单的例子，当别人有求于我们，而我们又不便答应时，直接的拒绝可能会令对方颜面扫地。这个时候，如果我们绕过问题，以旁敲侧击的方式来暗示对方，效果会更好。

有一次，艾森豪威尔受邀出席一个新闻界的晚宴。席间，记者们一直对他穷追不舍，希望从他嘴里挖出点新闻线索。但他并没有直接回答记者的提问，而是站起来说："我小的时候，曾经到一个农夫家去，看到他的奶牛，便问他那奶牛是不是纯种的，他说不知道。我又问：'它每周产奶多少斤？'他还是说不知道。接着我又问了好几个关于奶牛的问题，他显得很不耐烦，大声回答：'我只知道它是一头老实的奶牛，只要有奶，就会给你。'"

大家听完后，会心地笑了起来。艾森豪威尔接着说："大家都知道，我也像那头牛一样老实巴交，不善言辞，但凡有什么新闻线索，一定会事先告诉大家。"

几句话把大家逗得哄堂大笑。从那以后，就很少有记者追着他要新闻了。

追讨新闻是记者敬业的表现，假如艾森豪威尔直言批评，无疑会严重地挫伤他们的积极性，同时也会影响自己和媒体的关系。所以，他故意兜了个大圈子，把自己比喻成老实的奶牛，通过这种旁敲侧击，巧妙地回避了记者的话题，同时又委婉地批评了记者们的做法。

用虚话套实话

口才技巧

生活中，有些话从自己嘴里说出来，多有不便或显得很尴尬。此时，不妨用几句虚话来诱导对方先开口，让对方替你说出想说的话。

生活中，有些话从自己嘴里说出来，多有不便或显得很尴尬。此时，不妨用几句虚话来诱导对方先开口，让对方替你说出想说的话。这和说假话不同，假话是与事实相违背的，而虚话则是为了诱导对方说出实话，故意释放的烟幕弹，以虚套实，显得毫不唐突。

李文和徐锐两人合伙做生意，不料李文刚把钱打到徐锐的银行账户上，徐锐就病故了。李文心急如焚，不知如何是好：假如此时开口向徐锐的妻子要钱，对方刚刚遭遇丧夫之痛，必定会认为自己是个落井下石的小人；但如果不开口，自己所有的资金都在徐锐的银行账户上，目前的局面很难支撑下去。李文感到左右为难，他妻子见状，给他出了一个主意。

这天，李文帮着徐妻料理完徐锐的丧事后，一脸诚恳地对徐妻说："嫂子，徐哥走得太突然，这一大笔生意才刚刚开始，耽搁一天就会损失不少钱。既然资金都已经筹备好，不如就由您出面，将这笔生意继续做下去吧。以前都是徐哥负责打理，我也就是个跑腿的，但吃苦卖力的事情我不怕，只要嫂子您一句话，我一定赴汤蹈火、在所不辞。"

徐妻一听，连连摆手道："不行不行，我一个女人家，对生意上的事一窍不通。我看不如这样，你把你的资金抽回去，或者自己单干，或者另找合伙人。总之，我不能耽误你。这些天，为了忙徐锐的事，已经让你承受了不少损失。"徐妻说起来一脸愧疚。

就这样，李文用言不由衷的虚话套出了对方的实话，毫不费力地达到了自己的目的。

向对方表示同情

口才技巧

每个人都渴望得到同情，孩子们为了博取大人的同情，会急于展示他受伤的部位。其实，成年人也一样。如果你想获得别人的好感，那就向对方表示真诚的同情吧。

生活中，每个人都会遭遇不幸，此时，如果你能适时地向对方表示同情，真诚地关心他们，就一定能赢得对方的好感。伟大的心灵导师卡耐基曾经说过：“在你遇见的人中，有四分之三都渴望得到同情，给他们同情吧，他们将会爱你。”

老黄是一名电梯修理工。有一次，他赶去给一家五星级宾馆修理电梯，初步检查后，他对经理说，故障很严重，最起码要5—6个小时才能修好。

“5—6小时?”经理惊讶地叫起来，“不行，两小时内必须修好!”他斩钉截铁地说。

“如果你非要这么做，也可以。但这只能暂时性加固，过不了多久，电梯还会再坏。这次不彻底修好，下次再出故障的话，问题会更麻烦，到时候恐怕就不是一天两天能解决的问题了。你的心情我理解，酒店这么多客人，电梯哪怕停开一小时都会给你们的工作造成很大不便。但现在不方便是为了以后更方便，我想你也希望一次性彻底解决问题，对吗?”

老黄的一番话，入情入理、感同身受，经理听了很受用。他冷静分析了老黄的话，认为对方的确是为自己着想，于是便听从了老黄的建议，并和老黄签订了长期的合作协议。

在向对方表示同情时，态度要真诚，否则就会变成怜悯甚至嘲弄，这是对方绝对无法忍受的。记住，高尚的同情是一种爱，而不是居高临下的恩赐，更不是装模作样的慈悲。

丑话说在前面

口才技巧

生活中，很多人碍于情面，不愿说难听的话。然而，这种和事佬的态度通常无助于化解矛盾。因此，古人常告诫我们：先小人，后君子。把丑话说在前面，让别人对你的话有所准备，一旦遭遇不测，他们也不至于手足无措。

中国人常说，先小人，后君子。意思是说，把丑话说在前面，大家搞清楚情况，免得日后产生不必要的矛盾。道理虽然简单，但做起来却很难。生活中，很多人碍于情面，始终拉不下这个脸来。到头来，不但没能避免矛盾，反而让对方怀恨在心，可谓得不偿失。

前不久，小韩就碰到了这样的麻烦。他的好朋友周斌找他借一万块钱，说自己的岳父出了车祸，急需钱救治，保证三天后归还。小韩并不富裕，但为了朋友，他二话没说，就让老婆去银行取钱。老婆提醒他让周斌打个借条，小韩还不满地说："这么多年的好朋友，何必多此一举？这不显得自己太小人了吗？"于是，他爽快地把钱拿给了周斌。

然而三天后，周斌打来电话，说自己手头紧，请小韩再宽限几天。小韩不以为然，一口答应了。此后几天，周斌又故技重施，一直拖了一个月，依旧没有还钱的意思。

直到有一天，小韩在街上巧遇周斌的岳父，一问之下才知道，根本就没有车祸这回事。而且，周斌的岳父还告诉小韩，周斌最近迷上赌博，因为这事儿，老婆正和他闹离婚。小韩这才慌了神，赶紧找到周斌，催他还钱，不料周斌竟一口咬定自己没向他借过钱。

最终，两人因为此事反目成仇，小韩将周斌告上了法庭，但是因为没有借条，此事只能不了了之。老婆也和他大吵一架，回了娘家，小韩这才追悔莫及。

这样一场悲剧，原本只需要一张小小的借条，就可以完全避免，但"讲情谊"的小韩却不愿把丑话说在前头，最终不但情谊没了，还影响到了家庭的和睦。

换个角度传达坏消息

口才技巧

向别人传达坏消息时，虽然我们无法改变事实，却可以换个角度来传递，让别人更容易接受。同样一件事，换个角度说出来，给人的感觉就不一样。

向别人传达坏消息，是一件很棘手的事情，说不好很容易伤害别人的感情。虽然我们无法改变事实，却可以换个角度来传递，让别人更容易接受。同样一件事，换个角度说出来，给人的感觉大不相同，由此产生的结果自然也就不一样。

一位钢琴老师向朋友抱怨："这些家长真是小气，想让孩子学琴，又不愿涨学费。"

朋友问："你是怎么说的？"

"我告诉他们，孩子所学的内容越来越深，由初级班进入高级班，所以，学费也要相应地上涨。他们一听就不高兴了，有的甚至还说不学了。"

"你这话强调的是交费，家长自然不高兴，你应该反过来，强调孩子的进步。"

于是，钢琴老师按照朋友的方法，对家长说："乐乐的琴弹得越来越好，马上可以升入高级班学习了，恭喜啊。"

家长很高兴，连连说："都是老师教得好！"

"哪里，是您的孩子资质好，所以才学得这么快。"老师接着说，"不过，进入高级班可要妈妈多破费了，学费会从2000元调整到3000元。"

"这是应该的。"家长愉快地接受了这个坏消息。

同样一件事，换个角度说出来，给人的感觉就不一样。刚开始，钢琴老师没作铺垫，直接就宣布坏消息，家长自然接受不了。后来，在朋友的建议下，钢琴老师换了种说法，先强调孩子的进步，将家长的情绪调动起来，随后宣布的坏消息就不算坏消息了。

PSYCHOLOGY

AND ELOQUENCE SKILLS

第12章 职场口才

慎谈公司里的人和事

口才技巧

职场就是竞技场，每个人都是你的潜在对手，即便是很好的搭档，也可能突然变脸。对此，要多留个心眼，说话之前先过过脑子，该说的说，不该说的坚决不说。

职场如战场，虽然没有血雨腥风的搏杀，但尔虞我诈的剧情也常常会出现。办公室作为职场的一个重要阵地，更是充满各种利益冲突。在这样复杂的环境中与人相处，最忌讳的莫过于交浅言深。

小燕大学毕业后，来到一家事业单位工作，性格开朗的她很想在短时间内和大家打成一片。但她发现其他同事总是对她不冷不热，似乎与她隔着一堵心墙，唯有李姐最热心，也最爱和她说话。工作之余，热心的李姐经常给她介绍单位的情况，包括每位同事的脾气、个人私事，还提醒小燕注意哪些是单位的小人，要格外注意和提防。

作为职场新人，小燕对单位的事一无所知，有这么一位热心大姐介绍情况，自然是求之不得，很快就把李姐当成知心人。每当遇到不顺心的事，都会向李姐倾诉："公司福利不好。""小李虽然学历高，但能力不行。""小张总让我帮他打字。"……渐渐地，小燕发现大家对她越来越冷淡，有人甚至见到她就避道而行。小燕心中纳闷，却不知道问题出在哪里。

一天，小燕去茶水间倒水，在门外听见李姐和一个同事说："其实我对小燕也不是很了解，但既然你问我的意见，我不得不说一句实话。她这人喜欢搬弄是非，总是在背后说别人的坏话。她还说，你对下属苛刻，只知道对上司溜须拍马。……"

小燕惊呆了。她真想冲进去质问李姐，但却停下了脚步。难道李姐说的不是事实吗？

俗话说：没有不透风的墙。故事中的小燕在办公室里口无遮拦，说话只图一时痛快，结果被同事出卖，有苦说不出，可谓教训深刻。由此可见，与同事交往，一定要管好自己的嘴巴，别以为议论他人没关系，传来传去就会绕到自己头上，最终令你后悔不迭。

职场就是竞技场，每个人都是你潜在的对手，即便是很好的搭档，也可能突然变脸。对此，要多留个心眼，说话之前先过过脑子，谨慎而行，该说的说，不该说的坚决不说，像单位的规章制度、老板的私生活、同事的隐私这样的敏感话题，最好藏在肚子里，自己知道就行，千万不可拿出来当闲聊时的谈资。

千万别做祥林嫂

口才技巧

一个成熟的职场人，遇到问题要少动嘴，多动脑，不要什么事情都挂在嘴上，尤其忌讳无休止的抱怨、发牢骚。否则，稍有不慎，就会伤人伤己。

人在职场上混，谁没有点委屈和怨气？遇到闹心的事，偶尔发发牢骚、抱怨几句，大家都能理解，说不定大家还会同仇敌忾，有利于事情的解决。但如果遇到点小事，就像祥林嫂一样抱怨不休，逢人就吐苦水，不但令人生厌，还可能被别人穿小鞋，最终害人害己。

张杰就因为管不住自己的嘴，吃了大亏。大学毕业后，他顺利地进入某家私营企业。由于名校毕业，再加上能力突出，上班后不久就得到重用，被提拔为厂长助理。

不过，张杰有个缺点——遇事喜欢抱怨。刚开始，厂长没有太在意，他认为只要工作能力强，这点小毛病不算什么。然而，随着时间的推移，厂长感到越来越头疼：无论什么事，大到厂里的经营决策，小到员工的个人问题，张杰一有不满就喋喋不休地抱怨。

久而久之，厂长实在是不胜其烦，将他调到车间当主任。没想到，张杰到了车间后，不但不知道反省，反而对领导心怀不满，整日抱怨，自己消极怠工不要紧，还影响了其他人的工作。有好事者将张杰的牢骚话添油加醋传给厂长，厂长一怒之下开除了张杰。

一个成熟的职场人，遇到问题要少动嘴，多动脑，不要什么事情都挂在嘴上，尤其忌讳无休止的抱怨、发牢骚。否则，像张杰那样，即使能力再强，也难逃被冷落的命运。

与领导沟通的八个金句

口才技巧

职场上，学会与领导沟通非常重要。很多人尽管能力突出，却始终得不到提拔，究其原因，就在于不懂得如何与领导沟通。本节介绍的八个金句，将助你走出这个困境。

俗话说：干得好不如说得好。在职场上，能说会道非常重要，尤其是与领导沟通，更是职场成功的关键。很多人尽管能力突出，却始终得不到提拔，究其原因，就在于不懂得如何与领导沟通。那么，怎样说话领导才爱听呢？以下八个金句，值得我们借鉴。

句型 1：我们似乎碰到了一些状况。

传递坏消息时，尽量要用委婉的语气。这个句型既显示了你的沉着冷静，又让领导感觉你和他是并肩作战的，从而对你产生一种信任甚至依赖的感觉。

句型 2：我马上处理。

无论你手头有多忙，无论你正在做的事情多重要，当领导嘱咐时一定不要推诿。记住：任何借口都不如立即服从。这样会让领导觉得你是一个有效率、能担当的好员工。

句型 3：××的主意真不错。

团队精神是领导最看重的素质之一，同事得到领导的赞扬，即便你内心忌妒，也不能流露出来；相反，要大方地赞美对方，让领导感觉你富有团队精神，从而对你另眼看待。

句型4：这项任务没有你不行！

在说服同事帮忙时，这是最有效的一招。通过送高帽、灌迷魂汤，让对方感觉到自己在你心目中的重要性。为了不辜负你的期望，他们通常会答应你的请求。

句型5：给我点时间，稍后再给你答复好吗？

面对自己没有把握的事情，不妨以这样的借口来暂时拖延。这样做，既让领导感觉你成熟稳重，同时又为自己赢得了时间。当然，借口只是暂时的，事后一定要及时给出答复。

句型6：我很想知道你对这件事的看法。

虚心求教是迅速获得对方好感的捷径。没有人会拒绝别人的讨教，当领导滔滔不绝讲述自己的心得时，你不仅能够从中受益，还会让他对你的求知欲和上进心刮目相看。

句型7：是我一时失误，不过幸好……

对于工作中的疏忽和过失，要勇于承认，但更重要的是，让领导明白你为补救这个过错所作出的努力。这个句型可以淡化过失，转移领导的注意力。

句型8：谢谢你直言相告，我会认真考虑你的建议。

人无完人，面对批评要坦然处之，既要对别人表示感谢，又要显示出你的自信。没有必要将自己贬低到尘埃中去，不卑不亢才能赢得对方的尊重。

马屁不能随便乱拍

口才技巧

在职场上，马屁不能随便乱拍，尤其是在未搞清状况的情况下，更要小心谨慎，否则一掌拍下去，正好拍到对方的痛处，不但没有效果，反而会适得其反。

在职场上，马屁不能随便乱拍，拍得不好，不但没有效果，反而会惹怒对方。所以，拍马屁也是一门学问，要想拍得不露痕迹，同时又让对方欣然笑纳，就要学会察言观色、细心体会，只有这样，才能将马屁拍到对方的心坎上。

法国国王路易十四闲来无事时，喜欢作诗自娱。有一次，他写了一首情诗，左看右看都觉得不是很满意。此时，元帅格拉蒙恰好前来觐见，路易十四就将这首诗拿给他看，并随口说道："格拉蒙，你看看这首情诗，我觉得写得不是很好，你觉得呢？"

格拉蒙心想，既然国王都已经这样说，我只要顺着他的意思不就能哄他高兴吗？于是他根本没有细看，只是草草浏览了一遍，便附和道："正如陛下所言，这首诗简直糟透了。"

"这么说，作诗的人一定是个笨蛋了？"国王问。

"是的，绝对是个不折不扣的大笨蛋！"格拉蒙一味地顺着对方的话说，完全没察觉到国王的脸色。突然，国王铁青着脸对他说："谢谢你的评价。不过，这首诗是我写的。"

格拉蒙大吃一惊，结结巴巴地说："国王，我不是这个意思……我只是没仔细看……我只是因为……"他心中懊恼极了，本想拍马屁让国王高兴，不料却拍在了马腿上。

可见，马屁不能随便乱拍，尤其是在未搞清状况的情况下，更要小心谨慎，否则一掌拍下去，正好拍到对方的痛处，不但没有效果，反而会激怒对方，结果适得其反。

凡事多向领导请示

口才技巧

作为下属，要想让自己的方案顺利通过，就一定要记住：跟领导说话，永远不要擅作主张，而要多请示、多汇报，这样才能博得领导的欢心。

很多人职场不如意，不是因为他们太笨，而是因为他们太聪明。为了展示自己的聪明才智，他们遇事自己拿主意，从不向领导请示。殊不知，领导最反感这种自作主张的下属，这不仅是越权，更是目无领导的表现。试想，有哪个领导能容忍或重用这样的下属？

孙平年轻干练，进公司没多久就被提拔为办公室主任，前途无量。

前两天，公司来了一位新领导。上任伊始，就交给孙平一项重要任务：带领公司的谈判小组到上海参加一次重要谈判。

能得到新领导的重用，孙平自然欢欣鼓舞。他琢磨着：到上海要半天时间，坐长途汽车的话，舟车劳顿，恐怕会影响谈判效果。再者说，一行好几个人，坐公共汽车不如包车，不仅经济实惠，还能节省时间。

于是，孙平找到新领导，分析了自己的观点，然后说："所以，我决定包一辆车去。"

他原以为自己的计划会得到领导的赞赏。不料，领导却一口否决了他的提议："坐公共汽车去吧，就这么定了。"

孙平一脸愕然，他不知道为什么如此合理的提议竟然会被领导否决。

其实，原因很简单，孙平错就错在用了"决定"二字。这两个字无异于告诉领导："这件事情我做主，我说了算。"这是任何领导都无法容忍的越权行为，一旦他们的权威受到了挑战，你的提议就算再好，他们也不可能接受。

孙平的遭遇告诉我们，作为下属，要想让自己的方案顺利通过，就一定要记住：跟领导说话，永远不要擅作主张，而要多请示、多汇报，这样才能博得领导的欢心。

给领导出选择题，而不是问答题

口才技巧

> 没有哪个领导喜欢做问答题，所以，把问题抛给领导是非常不明智的。正确的做法是，给领导出选择题，以便领导用画钩的方式作出判断，而不是替你解决问题。

初涉职场的年轻人最常犯的一个错误是，遇到问题自己不思考，凡事找领导要答案。这是一种非常不明智的做法。领导会想：如果什么问题都找我，那还要你们干什么？因此，聪明的员工从来不给领导出问答题，而是出选择题，以便领导用画钩的方式作出判断。

两者的区别在于：选择题提供备选方案，只需领导从中挑选一个；问答题则完全把问题抛给领导，需要领导想办法解决。事实上，没有哪个领导喜欢做问答题，领导之所以用你，是希望你为他解决问题，而不是反过来，让他来替你收拾烂摊子。这个事实告诉我们：作为下属，要尽量给领导出选择题，而不是问答题，为领导分忧才是我们的责任和义务。

环球广告公司市场部今年新招了两名大学生，一个叫宋刚，一个叫葛明。起初，陈经理觉得宋刚能说会道，沟通能力较强，因此对他颇为赏识。但后来，他发现宋刚有个毛病：遇事毫无主见，不管什么问题，统统拿来问自己处理方法。渐渐地，陈经理开始疏远他。

相反，葛明虽然话不多，但处理问题有条不紊，就算有棘手的问题，也总是准备好几个不同的方案，让领导来定夺。陈经理省去了很多麻烦，对葛明越来越信任，渐渐将很多大事小情交给葛明处理。一年后，葛明被提拔为副经理，而宋刚却依然是个普通的职员。

在职场上，没有谁是专门为你收拾烂摊子的，那种把问题抛给领导的人，让人感觉很懒惰或推卸责任，注定是不受欢迎的。而给领导提供选择题的人，虽然能力不见得有多强，但最起码让人感觉做事很认真。因此，与领导沟通问题，一定要拿出自己的解决方案来。

善于为领导解围

口才技巧

当领导身陷困境时，如果你能够挺身而出，通过几句妙语，适时地为领导送上台阶，让他们从尴尬中全身而退，领导一定会对你心存感激，信任度陡升。

人生在世，免不了犯点错、遇上点尴尬事，领导也如此。遇到这种情况，如果你能够挺身而出，通过几句妙语，适时地为领导送上台阶，让他们从尴尬中全身而退，领导一定会对你心存感激，信任度陡升。经此一事，你日后的升职、加薪自然也就不在话下。

历史上，很多权倾一时的朝臣、官宦，无不是善于为领导打圆场的人。清朝大太监李莲英之所以深得慈禧信任，全凭一张替主子解围的巧嘴。

慈禧是个京剧迷，每次看完戏，都会赏赐艺人一些东西。有一次，著名艺人杨小楼唱完戏后，慈禧大悦，便将桌上的糕点赏赐给他。杨小楼叩头谢恩，但他并不想要糕点，于是壮着胆子说："叩谢老佛爷，这些宫廷美食，奴才无福消受，能否另外恩赐点……"

"那你想要什么?"慈禧正当兴头上，并未发怒。

"老佛爷可否赐奴才一幅字。"杨小楼叩头道。

慈禧一听，立刻让太监捧来笔墨，大笔一挥，写下一个"福"字。

然而，杨小楼看过后，不但高兴不起来，反而惊出一身冷汗：原来慈禧竟然将"福"字的"示"字旁写成了"衣"字旁。这可怎么办?原本打算求幅墨宝回去光宗耀祖，结果却接了个烫手山芋。拿回去吧，怕被人说他有欺君之罪；不拿吧，慈禧一怒之下也许会要自己的命。

此时，慈禧自己也发现了错误，却不好意思再把字要回来。气氛一下子紧张起来。

见此情景，旁边的李莲英立刻笑道："老佛爷之'福'比世间所有人都要多一'点'呀!"

这句话提醒了杨小楼，他马上附和道："老佛爷这万人之上的'福'，奴才怎么敢领!"慈禧也顺水推舟道："好吧，那就赏赐你点别的东西。至于这'福'字，下次再赏赐给你。"

一场尴尬就这样被化解了。如果不是李莲英在关键时刻挺身而出，我们很难想象这样一场尴尬将如何收场。对于慈禧而言，李莲英的话堪比雪中送炭，挽救她的面子和威信于危难之际。像这样能够主动为领导担当的下属，想不得到领导的信任和重用都难。

不要当面顶撞上司

口才技巧

领导最看重面子，一旦面子受损，他们会感到自己的权威受到挑战，进而对你怀有敌意。所以，给领导提意见时，一定要注意时机和场合，切不可当面顶撞上司。

当面顶撞上司，这是职场大忌，也是很多新人常犯的错误之一。领导最看重面子，一旦面子受损，他们会感到自己的权威受到挑战，进而对你怀有敌意；即便当面没有发作，事后也一定会找机会报复你。所以，给领导提意见，一定要注意给领导留面子。

历史上，但凡喜欢挑战领导权威的人，通常都没有什么好下场。唐太宗够开明了，但也数次动过杀掉魏征的念头，原因很简单，魏征太不给他面子，经常当面顶撞他。

有一次，魏征当着众朝臣的面直谏某事，弄得唐太宗颜面尽失，但考虑到自己的形象，又不便发作。退朝后，太宗怒气冲冲地说："总有一天，我要杀了这个乡巴佬!"

长孙皇后问他想杀谁，太宗说："魏征常常在朝廷上羞辱我。"皇后闻言心中大惊，赶紧给太宗道明利害关系，这才打消了太宗的念头。不过，魏征死后，唐太宗还是派人推倒了他的坟碑。很显然，对于魏征屡犯龙颜这件事，太宗的心里始终愤恨不平。

当今社会，虽然当面顶撞上司不再会有性命之虞，但因此遭到报复的人却不在少数。不提拔、不重用或许是小事，日后事事刁难，处处给你小鞋穿，那日子可就难过了。所以，给领导提意见时，一定要注意时机和场合，切不可当面顶撞上司。

不要和领导开黑色玩笑

口才技巧

在领导面前，要学会谨言慎行，尤其是不能乱开玩笑。领导们都爱面子，黑色玩笑带有人身攻击的性质，很容易冒犯他们的尊严，最终惹祸上身。

和领导相处，要注意说话的态度、语气和用词。有些人，因为和领导关系好，就开始蹬鼻子上脸，得意忘形，不顾自己的身份，跟领导乱开玩笑，结果惹祸上身。

小庞平时能说会道，业务能力也挺强，但就是得不到领导的重用。他心中十分郁闷，便向老张吐槽，抱怨领导没有识人的慧眼。老张犹豫了一下，提醒小庞说："大概是因为你平时爱开玩笑吧?"小庞不以为然地说："爱开玩笑有什么错呢?"

"当然没错，但玩笑一旦开过头就很难说了。"老张意味深长地说。

小庞一愣，想起两件事来。有一次，领导穿了一身崭新的灰西装来到办公室，大家纷纷赞美西装气派、有型，唯有小庞扑哧一笑说："像灰太狼。"灰太狼一向受红太狼的压制，而领导也以惧内而出名，因此在大家想憋却憋不住的笑声中，领导涨红了脸。

还有一次，一位客户来找领导签名，领导大笔一挥，潇洒地签下自己的大名。客户赞叹道："瞧这手字，龙飞凤舞，真气派!"领导还没来得及谦虚，小庞就大声说："那当然，咱们领导为了这三个字，足足练了几个月。"客户和领导彼此对望一眼，都觉得很尴尬。

回想起领导当时的脸色，小庞突然明白自己为什么迟迟得不到重用了。

开玩笑可以拉近同事间的距离，但像小庞这样，玩笑中带着人身攻击，那就变成黑色玩笑了，不仅无助于改善关系，反而会引起别人的反感；尤其是对领导，后果更严重。领导都爱面子，黑色玩笑冒犯了他的尊严。

学会推功揽过

口才技巧

完美的名声和荣誉，不要一个人独占，而应该与人分享，这样才不会招来嫉恨；不好的名声和错误，不可全推给他人，这样才可以保全功名、赢得美誉。

追求名声和荣誉，这是人之常情，本来无可厚非，但如果把名利看得太重，总想把一切功劳归于自己，把一切错误推给别人，则会招人嫉恨。其实，该是你的功劳，谁也抢不走；该你承担的责任，想推也推不掉。与其挖空心思穷算计，倒不如主动推功揽过，这样不但可以避嫌，还能赢得别人的美誉。

张军是光华设备制造厂生产科的科长。有一次，由于供货商没有及时补充货源，导致生产任务没能完成，厂长大发雷霆，在会上宣布要扣除生产科所有工人当月的奖金。

辛苦了一个月，却被告知奖金没了，生产科的工人情绪很大。会后，张军找到厂长，将所有的责任都揽到自己身上，说是因为自己指挥不当，才导致生产任务延期的，请厂长扣除他个人当月工资和全年奖金作为处罚，而不要处罚其他人，厂长同意了。

消息传出后，供货商十分内疚，主动找到厂长，将原材料价格下调了1%。生产科的工人们更是感动，他们加班加点，在接下来的几个月超额完成任务。年终，厂长不但没有扣张军的工资，反而发给他一个大红包。张军不肯接受，说这是大家的功劳，要厂长把奖金发给大家。全厂上下对张军赞不绝口。第二年，在众人的推举下，张军当上了副厂长。

可见，推功揽过是一种大智慧，也是收买人心的好方式。这样，不费一兵一卒，就能为你赢得名声和荣誉。相比之下，那些处处与人争名夺利的人，反而很难得到他想要的。

如果你错了，就迅速而真诚地承认

口才技巧

如果我们错了，要迅速而真诚地向对方道歉，只有这样，才能获得别人的谅解。事实上，承认错误远比为自己辩护更有效，而且你能够获得错误以外的东西。

著名心理学家卡耐基曾经说过：如果我们知道会被责罚，何不先责备自己，那总比从别人嘴里说出批评，要舒服得多。更重要的是，既然你已承认错误，对方就没话可说了。

2006年1月26日，当亿万美国观众守在电视机前，等待收看奥普拉的脱口秀节目时，他们惊讶地发现，这位脱口秀女王的开场白竟然是："我犯了个错误……"

到底是什么原因，让这位声名显赫的主持人低下高昂的头颅？原来新锐作家詹姆斯·弗雷在其回忆录《百万碎片》中多处虚构情节，而当人们发现弗雷的回忆录虚构和误导读者后，奥普拉竟然在录制一档节目时，为其进行辩护。节目播出后，奥普拉立即遭到了如潮水般的攻击，书评家们认为，在纪实文学里虚构情节是不可饶恕的错误。

面对人们的质疑声，奥普拉没有选择逃避，而是勇敢地承认自己的错误。她在电视里说道："为弗雷先生辩护，让人感觉事实无关紧要。我对此深感抱歉，我的本意并非如此。"

奥普拉的勇敢之举，不但没有损害她的形象，反而赢得了人们的广泛赞誉。那些先前对她口诛笔伐的书评家们，纷纷掉转笔头，开始称赞她的勇敢和直率。

想想看，如果不是主动道歉，奥普拉还将承受更多人的责难，甚至可能殃及自己的事业。然而，聪明的她，选择了最能赢得人们谅解的方式，即迅速而真诚地承认错误。

不要专挑同事的错

口才技巧

身在职场，不要表现得太聪明。办公室本来就是非多，该糊涂时就要装糊涂，强当出头鸟，指责别人的过失，不但同事会对你产生敌意，就连领导也会渐渐疏远你。

与同事相处，要学会宽容，没有谁喜欢鸡蛋里挑骨头的人。即便是善意的批评，也要讲究策略。如果眼睛总是盯着对方的过错，即便是好心，也会被认为是故意找碴儿。所以，该糊涂的时候就要装糊涂，把你的“火眼金睛”用在本职工作上，这才是聪明人的做法。

小冯到公司的时间不短了，眼看着身边的同事一个个受到提拔和重用，有的甚至成为自己的顶头上司，而他却始终升不了职，心中焦急万分。他自认为聪明才智不比别人差，责任心、业务能力也不逊于任何人。那么，原因到底出在哪里呢？

一天晚上，他请公司的“智多星”老吴吃饭，求他指点迷津。酒过三巡，面对小冯的疑惑，老吴直截了当地说：“你得罪的人太多。”

“没有啊！”小冯急忙辩解道。

“那你有没有老盯着别人的过错呢？”老吴问。

“那都是为了工作啊！难道我指出他们工作上的错误也不应该吗？”小冯很不服气。

“下属的工作，领导自有分寸，你指手画脚，算哪门子的事？你这样，领导会想：‘难道我们的眼睛都瞎了吗？’同事就更不用说，你总是挑别人的毛病，还指望别人对你心怀感激？他们会怨恨你，认为你故意让他们出洋相。”老吴微笑着说道。

经老吴点拨，小冯这才幡然醒悟，赶紧问道：“那我该怎么办？”

“把聪明用在本职工作上，该糊涂时就要装糊涂！”老吴意味深长地说。

的确如此，一个人不要太聪明，尤其不要随便指责别人的过错。该糊涂时就糊涂，管好自己比什么都重要。办公室本来就是非多，强当出头鸟，指责别人的过失，不但同事会对你产生敌意，就连领导也会渐渐疏远你，到头来成为风箱里的老鼠——两头受气。

PSYCHOLOGY

AND ELOQUENCE
SKILLS

第13章
领导口才

描绘美好的愿景

口才技巧

一个卓越的领导者，首先应该是伟大的造梦者，只有让下属知道跟着自己干有前途、有希望，他们才会心甘情愿地追随在你的左右。

领导者靠什么来领导下属？有的人说，靠权力！这种说法本身并没有什么错，然而仅仅依靠权力，是不足以服众的。要想让下属言听计从，领导者就必须让他们知道跟着自己干有前途、有希望。所以，《圣经》里说：领导者就是贩卖希望的商人。

美国民权运动领袖马丁·路德·金，是如何赢得世界人民的尊敬的呢？答案就在那篇著名的演讲《我有一个梦想》里。在演讲中，马丁·路德·金描绘了一幅美好的愿景，他告诉人们总有一天，美国会成为一个自由、平等、没有种族歧视的国家。

45年后，美国迎来第一个黑人总统——奥巴马，金的梦想成为现实。同样是黑人，奥巴马又是靠什么赢得大选的呢？答案还是愿景。当美国陷入次贷危机、积重难返时，正是这个黑人喊出了变革的口号，给人们带来希望，最终赢得了大多数选民的青睐。

当然，说到造梦，还有一个人比他们擅长，那就是法国皇帝拿破仑。

在意大利战场上，拿破仑对衣衫褴褛、食不果腹的士兵们说："我将把你们带到世界上最富足的地方去，那里有繁华的都市和富饶的乡村……"

占领米兰后，他改用荣誉来鼓舞士兵们："当你们荣归故里，乡亲们会热情地指着你们说：'他曾经服役于那支伟大英勇的军队。'想想看，这是多么至高无上的荣耀啊！"

攻打莫斯科前，他又对士兵们说："迎接你们的将是丰富的供给、舒服的防寒营房和早日凯旋、共享天伦的美好景象。"这一切都是士兵们最渴望得到的。难怪路德维希会这样评价拿破仑：“意大利进军能够胜利，大部分是因为他说话深具魅力。”

马丁·路德·金、奥巴马、拿破仑……这些闪耀的名字无不告诉我们，一个卓越的领导者，首先应该是一个伟大的造梦者，他们依靠梦想来引领大家前进。

信任是最好的激励

口才技巧

俗话说，士为知己者死。激励下属有时无须过多的语言，只要让他感觉到你的信任，他就会对你付出真心，并用全部的努力来回报你的信任。

生活中，有一种东西最能够激励人，那就是信任。中国自古就有“士为知己者死”的说法，这种忠诚多半源自信任。我们都曾有过这样的经历：

当别人有事求助于我们时，常常会说：“这件事就拜托你了，别人我不放心，只有交给你我最放心。”听到这样的评价，我们就算有千万个理由拒绝，也实在于心不忍。

当领导分派任务给我们时，常常会说：“只有你能够完成这项工作。”听到这样的评价，我们总是会热血上涌，宁愿牺牲下班时间，也要保质保量地完成工作任务。

年轻的小孙被提拔为部门经理，为了支持他的工作，总经理将跟随自己多年的司机老郑派给他当司机。老郑对此很不理解，认为自己被贬了，于是工作中有了情绪。小孙察觉到这种情况后，想找个机会跟老郑谈谈。

一天，老郑送小孙回家。路上，小孙装作不经意地问：“老郑，你知道总经理为什么会调你来给我开车吗?”

“不知道。”老郑闷声闷气地答道。

“是我特意向总经理要的。”

“啊？干吗非要我？”老郑有些吃惊。

“因为我刚从国外回来，对公司的情况不熟悉；再加上我年纪又轻，希望有一位经验丰富的老同志在我身边，随时监督我、提醒我。我觉得你最适合。当初把你要过来，可是费了我不少劲儿，总经理一开始说什么也不放，我好话说了一箩筐，他才最终点了头。为此，我还请他吃了一顿饭，他说他把最好的助手和伙伴都给了我，我欠他一个大人情。”

小孙乐呵呵地说，老郑听了心里暖洋洋的，没想到两位领导都这么信任自己。他暗下决心：从今往后，一定要努力工作，这样才对得起两位领导的信任。

给人一个美名

口才技巧

每个人都渴望得到别人的尊重，这种心理驱使人们不断追逐各种头衔和荣誉。卡耐基曾经说过：给人一个美名，就像用魔法棒点在他身上，会使他从头到脚焕然一新。

每个人都渴望得到别人的尊重，这种心理驱使人们不断追逐各种头衔和荣誉。因此，当你有求于人或希望对方做得更好时，不妨给对方一个美名，让他为了保持这个美名而奋斗。

琴德夫人是卡耐基的朋友。有一次，她新雇了一个女佣。有人告诫她，这个女佣在前主人家的表现并不好。于是，当这个女佣第一天来上班时，琴德夫人对她说：“我听我的朋友说你是一个非常好的人，诚实可靠，家务活样样拿手，并且还很会照顾孩子，唯一的缺点是不太注意卫生。但这一点从我见到你的那一刻起，就知道不是真的，谁会相信一个穿得如此整洁的女孩竟然不讲卫生呢？我敢打赌，你来了之后，家里一定会变得一尘不染。”

听到琴德夫人的夸奖，女佣开心极了，之前还从来没有哪个主人这样夸过她呢。于是，她干起活来十分卖力，宁愿多花一点时间把家务做好，也不愿让琴德夫人失望。

琴德夫人是一个聪明人，她深知赞美的力量，不惜将美名送给一个素未谋面的女佣。而女佣为了保住这个美名，努力变成琴德夫人所希望的那样。

拿破仑之所以能够在19世纪初横扫欧洲，就是因为他懂得用头衔和名誉来激励自己的下属。他毫不吝惜地赏赐他们各种头衔和荣耀：他将1500多个十字勋章授予他的臣民；他重启法兰西陆军上将军衔，并将这一荣誉赐给18位功勋卓著的将军；他还授予优秀士兵“大军”的光荣称号……这些举措，有效地激发了下属的荣誉感，同时提升了部队的战斗力。

多提建议少命令

口才技巧

多数人不喜欢被呼来唤去。作为领导，用命令的方式来指挥别人做事，不如采取建议的方式，这样员工不仅会听命于你，还会产生一种被尊重的感觉。

如果有人想让你办一件事，你更愿意接受下面哪种说法？

第一种：“你必须今天完成！”

第二种：“我认为今天完成比较好，你觉得呢？”

很显然，你更愿意接受第二种说法。两者的区别在于：前一种是命令的方式，后一种是建议的方式。命令和建议最大的区别在于，前者建立在上下级关系的基础上，而后者建立在平等的基础上。两者相比，人们当然更愿意接受建议，而不是命令。

一天，星峰纺织厂接到一笔海外加急订单，要求月底前交货。厂里的生产任务早已经安排好，如果按期交货，就必须让工人们加班，这会导致工人的不满；如果推掉这笔生意，厂里又会失去一个大客户。怎么办呢？看着大洋彼岸发来的订单，厂长沈悦心急如焚。

经过一番思索后，沈厂长来到车间，先给工人们通报了这个情况，然后说："虽然任务有些急，但对方给的利润相当可观。做完这个单子，每个人都能分到不少奖金。所以我认为还是咬咬牙接下来，大家以为如何？当然，这只是我个人的建议，接不接大家做主。"

工人们听完后，并没有抱怨，而是七嘴八舌地讨论起来。最后，大家一致同意接下这个订单，并保证完成任务。沈厂长听了非常感动，当即许诺订单完成后犒劳所有人。

其实，工人们之所以愿意加班，不仅仅因为有奖金，更重要的是，沈厂长对他们的尊重。他并没有直接命令他们，而是以建议的方式，让他们自主选择。这种做法极大地满足了工人们的自尊心，进而心甘情愿地接受沈厂长的建议。

不要总盯着下属的失误

口才技巧

当下属犯错时，作为领导者，不要一味地苛责，而应该宽容下属的错误，变批评为鼓励，这样员工即便受罚，也会常怀感激之情，努力让自己变得更加优秀。

当下属犯错时，很多领导一味地苛责、批评，似乎只有这样才能起到杀一儆百的作用，显示出做领导的威严。他们从来没考虑过，这种做法会挫伤员工的积极性，导致他们产生对立情绪。与此相反，英明的领导者知道如何正确对待下属的失误。他们用宽容代替苛责，用鼓励代替批评，这样员工即便受罚，也会常怀感激之情，努力让自己变得更加优秀。

在日本，有一位表演大师，不仅技艺超群，而且德艺双馨。有一次，大师上台前，他的弟子提醒他鞋带松了。大师点头致谢，并把鞋带系好，等徒弟走后，大师又将鞋带松开。旁人看了表示不解，大师解释道："我一会儿要扮演一个旅途中的人，松开的鞋带可以表现出他经过长途跋涉后的疲惫和困倦。"

"那你为什么不直接告诉弟子呢？"那人更加困惑了。

“他能发现这个细节，说明他很细心。我应该鼓励而不是指责他的热情。”大师笑着说。

多么宽厚、仁慈的长者！如果你能够像这位大师一样，爱惜下属的热情，那么，下属必定会以更大的热情来回报你。记住，总盯着下属的失误，是一个领导者的最大失误。

让下属说出心里话

口才技巧

在企业里，下属才是负责具体业务的人。所以，要想让管理卓有成效，就一定要想方设法让每一个员工说出自己的心里话，并做到有效倾听、及时解决问题。

任何一个领导，无论多么能干，都不可能对公司的事务面面俱到，员工才是负责具体业务的人。所以，要想使自己的管理卓有成效，就一定要想方设法让每一个员工说出自己的心里话，并做到有效倾听、及时解决问题。

日本松下电器创始人松下幸之助就是一位善于让下属说出心里话的领导者。他一直鼓励大家把不满表达出来，而不是憋在心里。这样才不会令自己痛苦，并有利于解决问题。

有一次，他看见一个员工闷闷不乐，便问发生了什么事。员工抱怨说：“我到公司很多年，平时兢兢业业，自认为对公司贡献不小，可为何迟迟不给我升职？如果我做得不好，可以明确指出来，我一定会努力。但公司既不说也不给我升职，估计是把我给忘了吧？”

松下一听，立即责成人事部门调查此事。不久，这位员工就获得了升职。

松下认为，让下属说出心里话，不但对自己有好处，对公司也有利。有一次，一位批发商向松下的员工抱怨，说松下电器的质量不过关。该员工很郁闷，便将此事汇报给松下。松下立刻向批发商道歉，并了解产品的质量问题。批发商很受感动，从此更信任松下电器。

作为领导者，口才固然重要，但倾听比能说会道更重要。让下属说出心里话，是领导者了解公司动态、获得市场信息的重要途径。只有善于倾听，才能做一名合格的领导者。

通过类比，指出下属的错误

口才技巧

对于下属的错误，不当面训斥，而是通过讲故事的方式，令对方意识到自己的错误，从而自行改正。这种方法含蓄、委婉，既给对方留足了面子，又能令对方深刻反省。

对于下属的错误，直接批评很容易伤害对方的自尊心。因此，聪明的领导者会通过讲述一个类似的故事，令对方意识到自己的错误，从而自行改正。这种批评方法含蓄、委婉，既给对方留足了面子，又能令对方深刻反省自己的错误，有着良好的教育效果。

有一次，张震将军到陆军某部视察工作，在将、校军官等十余人的座谈会上，张震将军突然问道："目前一个战士的津贴是多少？"

在座的将、校军官面面相觑，均回答不上来。

将军见状，很不高兴，但他没有正面批评他们，而是话锋一转，讲起了故事："从前有个很有名的军阀，叫张宗昌，这个大概在座的诸位都知道。但你们知道他还有个外号叫'三不知将军'吗？一是不知道自己有多少兵，二是不知道自己有多少支枪，三是不知道自己有多少个小老婆。我们是人民的军队、人民的军官，可不能像这个军阀一样，做一个'三不知将军'啊！"将军语重心长的话令在座各位将、校军官面红耳赤，羞愧地低下了头。

还有一次，张震将军视察某部"红一连"。连长、指导员在汇报工作时说："连队四年达标，年年先进。"

"你们达的什么标？"张震将军问。

连长、指导员一愣，支吾了半天也没回答上来。问团长和政委，也说不出个所以然。将军很生气，说："达的什么标都不知道，还达什么标？过去有部戏《法门寺》，太后在上面一喊，底下的人无论听懂也好，没听懂也好，全都跟着答应一声——'嗯'，然后一声声往下传，一声声往下'嗯'。法门寺作风我们部队可要不得。"众人连连点头称是。

张震将军可谓类比高手，他通过两个生动形象的故事，尖锐地批评了部队中的不良作风，令军官们对自身的错误有了清醒的认识。这种讲故事的批评方式，不同于当面呵斥，它给军官们留足了面子，令大家心悦诚服，从而达到了很好的批评效果。

消除下属心中的怨气

口才技巧

作为领导，一旦察觉下属心中不满，要做好疏导说服工作，不可听之任之。否则，不但会打击下属的积极性，还会对上下级关系产生不利影响。

工作中，不管领导怎样努力，都不可能做到完美，任务安排不当、利益分配不均、对下属关心不够等，都容易引起下属不满，进而产生怨气。怨气一旦产生，就会打击下属的积极性，对上下级关系产生不利影响。所以，对有怨气的下属，领导绝不能坐视不管，而应该主动找其谈话，并想办法化解其怨气，调动其工作积极性。

老严是公司的元老，工作一直踏实，深得上级赏识。然而，今年年终评比结束后，他却突然找到总经理说："我不干了，明天就辞职！"

总经理看出老严说的不是心里话，只是一时冲动说的气话，于是给他倒了一杯茶，让他慢慢说。老严愤愤不平地说："我是个老实人，平时只知道工作，不爱表功。去年年终评比，我原本是优秀，但主任对我说，小钱要评职称，叫我把优秀让给他，我一想没什么，于是就让了。主任答应今年把优秀补给我，但今年却选了小李。这不是说话不算话吗？"

总经理听完后，答应老严立刻调查此事。经证实，老严所说的情况属实，但由于小李今年为公司作出重大贡献，评优秀当之无愧。于是，总经理召开紧急会议，决定增加一个优秀名额，补给老严。对这样的决定，老严非常满意，其他员工也认为公司的管理很人性化。

作为领导，当初承诺的事情最后却没有兑现，下属自然有情绪。好在总经理很明智，经调查核实后，给出一个两全其美的解决方案，从而消除了老严心中的怨气。如此做法，堪称表率。那么，当下属发牢骚时，领导应该如何消除他们心中的怨气呢?

（1）冷处理。下属发牢骚时，往往情绪激动，很难被说服。此时，最好的办法就是冷处理，先将下属安抚住，用时间来缓解矛盾，等下属情绪平复后，再寻求解决办法。

（2）激将法。对于有上进心的下属，不妨运用激将法，故意说反话，刺激对方，使其从自我压抑中解脱出来，代之以进取心、荣誉感和奋发精神，从而达到新的心理平衡。

（3）亮底牌。对于有私心的下属，如果几经劝说无果，不妨让他当众说出自己的不满，逼其亮出底牌，进而制止其不负责任、乱发牢骚的错误行为。

不要随意给下属贴标签

口才技巧

如果你总是骂下属“笨蛋”“懒汉”“不负责任”，久而久之，他们就真的会变成那样的人。所以，管理应该多用激励性语言，切忌给下属乱贴标签。

“你这人太不负责任，你知道这样做会给公司带来多大的损失吗?”

“说你拖沓，你还不承认，这件事你拖了多久?”

工作中，你可能经常这样训斥下属。可是，这种随意给下属贴标签的做法，很容易给对方形成一种心理暗示，久而久之，他就真的成为那样的人了。

第二次世界大战期间，美国由于兵力不足，决定组织监狱里的犯人上前线参加战斗。在此之前，政府派心理学家先给犯人们进行战前训练和动员。心理学家每周拟定一封信，让犯人们抄好后寄给自己的亲人，信中叙述的均是犯人们在狱中如何改过自新方面的内容。

三个月后，犯人们开赴前线。在战场上，心理学家让犯人们在给亲人的信中，描写自己是如何服从指挥、英勇作战等方面的内容。事后证明，这些犯人在战场上的表现丝毫不逊于正规军，他们英勇拼搏、顽强杀敌，与他们在信中所描述的完全一致。

这就是心理学上的贴标签效应。对于领导而言，贴标签效应有重要的启示。它告诉我们，管理应该多用激励性语言，切忌给下属乱贴标签，尤其是不好的标签。如果你总是骂下属“笨蛋”“懒汉”“不负责任”，久而久之，他们就真的会变成那样的人。

PSYCHOLOGY

AND ELOQUENCE
SKILLS

第14章
谈判口才

摸清对方的底牌

口才技巧

在谈判中，摸清对方的底牌是最棘手的工作，但它同时也是制胜的关键。只有摸准对方的底牌，才能掌握谈判的主动权，拥有更多的回旋余地。

知己知彼，百战不殆。要想在谈判中占据主动，拥有更多的回旋余地，就必须摸清对方的底牌，否则，会像一只无头的苍蝇，只能盲目出击。

老袁的布料厂，负责为 A 服装厂提供布料。最近，由于原材料价格上涨，严重侵蚀到自己的利润，老袁酝酿着提高供货价格，但涨价是一件敏感的事，他对此也没有把握。于是，在与对方采购经理的谈判中，老袁旁敲侧击地了解对方企业的经营情况。

“我们想改进布料质量，希望你们能提供一些反馈数据。”老袁说。

“这个数据还真没有，不过听工人们反映，你们的布料质量不错，从来没出过什么质量事故，与其他供货商相比，省了我们不少麻烦。”对方采购经理答道。

“这么说我就放心了。”老袁如释重负地说，“我听说，你们的服装在市场上满意度也很高，顾客都很认可，产品基本上没有积压吧?”老袁继续问道。

“岂止是没有积压，简直是供不应求。”对方得意地回答。

老袁听完，微微一笑，心中有了底。在接下来的谈判中，他提出了加价要求。尽管对方一口回绝，但老袁一点也不着急，因为他已经摸清对方的底牌。果然，没过多久，对方就答应了加价要求，因为谈判再僵持下去，布料供应不上，就会影响生产，从而带来一系列问题。就这样，老袁通过迂回试探的方法，掌握了对方的底牌，最终实现了自己的目的。

让对方首先表态

口才技巧

> 在谈判中，让对方首先表态，会让你占据一定的优势。这是因为，它可以让你摸清对方的意图和心理。更重要的是，对方的第一次报价很可能比你期望的还要高。

在谈判中，让对方首先表态，会让你占据一定的优势。这是因为，对方的第一次报价很可能比你期望的还要高，而且让对方首先表态，还有助于你摸清对方的意图和心理，限定对方的价格范围。尤其是当你不太了解对方的情况时，就更应该让对方首先报价。

大发明家爱迪生在一次偶然中发现了这种策略，最终获得了超乎自己想象的回报。

有一次，爱迪生想卖掉自动发报机的专利权，筹办一所实验室。可是，他不知道这项专利究竟值多少钱，于是，征求妻子米娜的意见。米娜狠了狠心，说道："你就开价 2 万美元吧，正好够你筹办实验室的。"爱迪生说："2 万美元，这也太高了吧。"米娜看到丈夫犹豫的样子，又给他出了个主意："要不你就等对方先开价吧。"

有个商人听说爱迪生想卖专利，亲自登门拜访。谈判的时候，商人不断向爱迪生打听专利的价格。爱迪生觉得 2 万美元的价格太高，始终没好意思开口。心想，还是等夫人回来再说吧。结果，商人实在沉不住气了，说道："那我先开价吧，10 万美元，您看怎么样？"

10 万美元！爱迪生心里暗自狂喜，这可比他最乐观的预期还要高 5 倍！于是，当场和对方签下了协议。事后，他跟妻子开玩笑说："没想到沉默一会儿，就赚到 8 万美元。"

试想，如果爱迪生率先开了口，那么，他得到的或许只是 2 万美元而已。

开出高于预期的条件

口才技巧

在谈判中，受锚定效应的影响，先开出的价格往往会影响最终的成交价。所以，如果你想要赢得多一点，就要开价狠一点。

人们在作判断时，常常会将某个特定值作为初始参照值，并以此为起点进行估计和调整。这个参照值就像停靠船舶的锚一样，不管海上的风浪有多大，都会将船固定在它的附近。这就是心理学上的锚定效应。

锚定效应在谈判中有重要的应用。很多人认为，谈判时最好让对方先开价，这样就可以摸清对方的底牌，进而掌握更多的信息。殊不知，让对方先开价，无异于让对方掌握主动权，因为这个价格会成为谈判中的锚定点，不管你怎么调整，都很难摆脱它的影响。

事实上，你不仅要争取先开价，而且要开价狠一点。只有这样，你才能为自己赢得更大的谈判空间。早在 20 世纪 70 年代，英国首相撒切尔夫人就给我们上过生动的一课。

1972 年 12 月，在欧共体各成员国关于费用的谈判中，撒切尔夫人提出，英国在过去几年中承担了大量的费用，却没有获得相应的利益。所以，她强烈要求将英国每年负担的费用削减 10 亿英镑！这大大超出了各国元首的心理预期，他们原以为英国政府的目标只是 3 亿英镑。对于如此离谱的天价，他们自然是难以接受，于是提议只能削减 2.5 亿英镑。

然而，撒切尔夫人却坚持原有的立场不动摇，于是谈判陷入了僵局。

就在此时，法国媒体开始发表文章，批评英国人在谈判中采取高姿态是别有用心。而撒切尔夫人则告诉下议院，一定要坚持她提出的方案，意在暗示对手，谈判并无议价空间。

最终，各国元首没办法，只好作出让步，同意英国人两年削减 8 亿英镑的费用。就这样，撒切尔夫人用自己的铁腕手段，为英国人民赢得了巨大的利益。

永远不要接受第一次报价

口才技巧

在谈判中，永远不要接受对方的第一次报价，无论你多么迫切地想要和对方合作，也不管对方开出的条件多么诱人，否则，你会让对方觉得吃了亏。

在谈判中，如果对方的第一次报价就让我们感到很满意，这时你该怎么办？很多人会说，这还用考虑吗？当然是立刻接受！且慢，这样做真的可行吗？

著名谈判大师罗杰·道森告诫我们，永远不要接受对方的第一次报价，无论它听起来有多么合理，甚至诱人。原因很简单，如果你马上答应对方的条件，对方不但不会感到高兴，反而会很失落：我本来可以做得更好，一定是哪里出了问题？一旦对方产生了这种心理，势必会影响到你们未来的合作。换句话说，你虽然赢得了谈判，却输掉了友谊。

小郑是某房地产周刊的广告推销员。有一次，他到新月房地产公司拜访尤总，希望尤总在他们的杂志上刊登一个版面的广告，每期的费用是8000元。尤总看上去很感兴趣，但不知为何迟迟没有表态。

“尤总，您还有什么要求请明说，我能做到的一定尽力。”小郑很真诚地说。

“还是价格问题。我觉得8000元有点高。”尤总犹豫了一下答道。

“那您觉得多少可以接受？”小郑迫不及待地问。

“6000元吧。”尤总思忖了一下回答。

这个价格实在太低了，倘若答应下来，小郑可能一分钱的提成都拿不到。但是，为了今后能够长期合作，小郑还是一口答应了：“行，就照您说的办！”

小郑以为，自己的爽快一定会赢得尤总的好感，谁知道一个星期后，尤总却打来电话，借故取消了这笔业务。小郑感到很纳闷，不知道尤总为何突然变故。其实答案很简单：就因为他第一次报价接受得太爽快，让尤总突然有了一种被欺骗的感觉。

小郑的经历告诉我们：在谈判中，永远不要接受对方的第一次报价，无论你多么迫切地想要和对方合作，也不管对方开出的条件多么诱人，否则，你会让对方觉得吃了亏。

学会感到意外

口才技巧

在谈判中，一旦听到对方的报价，无论自己满意与否，都应该立刻装出一副吃惊的样子，否则，对方会认为你已经接受他们的价格，继而抬高价格。

大多数人相信自己的眼睛胜于相信自己的耳朵，当他们提出报价时，一定会用心观察你的表情变化，据此作出反应。因此，当你听到对方的报价时，一定要故作惊讶，否则对方的态度很可能会强硬起来，此时，你再想讨价还价，就没那么容易了。

一天，刘小姐下班回家，看见路边有人在卖核桃挂件，非常精致，便停下来询问价格。

“25 元一件。”卖主答道。

刘小姐觉得这个价格不贵，于是在心里盘算要不要多买几个，送给自己的好友。

卖主抬头看了她一眼，见她表情镇定，便知她已接受这个价格，于是接着说：“红绳要另外收钱，2 块钱一根。”

“哦。”刘小姐淡淡地应了一声，似乎并不感到意外。卖主又说道：“核桃分公母，所以这些挂件都是一对一对卖的，不单卖。”

最终，刘小姐以 54 元一对的价格买了四对。后来看到同事有同样的挂件，一问，竟然 18 元一个连红绳，而且还可以单买。刘小姐恨恨地骂了一声："奸商！"

这事不能怪小贩得寸进尺，要怪只能怪刘小姐自己，是她镇定的脸色给了小贩加价的理由。哪怕当时刘小姐流露出一点点的惊讶，小贩也不至于加价，甚至还可能主动降价。

刘小姐的遭遇告诉我们：在谈判中，一旦听到对方的报价，无论自己满意与否，都应该立刻装出一副吃惊的样子，否则，对方会认为你已经接受他们的价格，继而抬高价格。

做不情愿的买家和卖家

口才技巧

在谈判中，即便你迫不及待，也要表现得不情愿，只有这样才能给对方造成压力，迫使他作出更大的让步，通过主动调整价格来满足你的愿望。

逛街买衣服，砍价是常有的事。如果你仔细观察，就会发现，所有买家最常用的砍价策略就是做不情愿的买家——即使非常喜欢，也会装作无动于衷的样子。因为他们知道，只有这样才能给卖家造成压力，迫使他作出更大的让步，通过主动降价来吸引自己。

这一策略对于卖家同样适用。哪怕再想做成一笔生意，也不要表现得迫不及待的样子，否则会给对方可乘之机。只有装作不情愿，才能增加产品在对方心中的价值，卖个好价钱。美国房地产大亨唐纳德·特朗普就曾运用这种策略，成功地多赚取了数倍的利润。

1991 年，纽约房地产市场面临崩盘的风险，特朗普也未能幸免于难。为了筹集资金，渡过难关，特朗普急于出售圣莫里茨酒店。即便如此，当有人对该酒店表示出兴趣并打算接手时，特朗普还是表现出一副极不情愿的样子。

"我可不想卖掉圣莫里茨酒店，那可是我最钟情的产业。谁都别想把它抢走，我还想把它留给我的子孙后代呢！请考虑其他的酒店吧，任何一家都行。"

他假装热情地向买主推销其他的酒店，但他越是这样说，对方就越想买圣莫里茨。最后，特朗普装作很不情愿地说："好吧，为了公平起见，您最高能出多少价钱？"

经过一番讨价还价，该酒店最终以 1.6 亿美元成交。要知道三年前特朗普买下它的时候，只花了 7900 万美元！

通过做不情愿的卖家，特朗普成功地迫使对方不断加价，最后赚得盆满钵满。这才是真正的谈判高手，他们在谈判尚未开始前，就已经把对方的谈判空间挤压至最低。

告诉对方，"你可以做得更好"

口才技巧

在谈判中，如果对方率先开出条件，你只需要简单的一招，就能迫使对方让步，那就是告诉对方："你还可以做得更好。"然后闭上嘴巴，一个字也不要讲。

在谈判中，如果对方率先开出条件，你只需要简单的一招，就能迫使对方让步，那就是告诉对方："你还可以做得更好。"然后闭上嘴巴，一个字也不要讲。这样，对方很可能会立刻作出让步。著名谈判大师罗杰·道森将这种做法称为钳子策略。

所谓钳子策略，顾名思义，就是用语言将对方的思想"夹"住，让对方的思路根据我方钳子的转动方向而转动。

钳子策略是一种非常高明的谈判技巧，具有以小博大的神奇效果。越南战争期间，美国国务卿亨利·基辛格就曾用这种策略，让下属言听计从。

当时，基辛格让一位副国务卿准备一份关于东南亚政治形势的报告。副国务卿很快拿出一份自认为满意的报告，交给了基辛格。但基辛格只看了一眼，就对他说："你可以做得更好一些。"于是，副国务卿收集了更多信息，补充修正后，再次交给基辛格。可基辛格的批复依旧是："你可以做得更好一些。”

这下，副国务卿真的着急了，他组织人马加班加点，决心呈上一份完美的报告。当他第三次将报告呈上时，他说：“基辛格先生，这已经是我的最高水平，我不可能做得更好。”

“好吧，既然这样，”基辛格冷静地说，“那就将报告放在这儿，我会抽时间看的。”

就这样，基辛格不动声色，让下属交出了一份完美的答卷。而他所使用的策略很简单，那就是告诉对方：“你还可以做得更好。”这种策略的效果有时候好到你不敢相信。

用更高权威做挡箭牌

口才技巧

谈判时，如果你能找到一个更高的权威做挡箭牌，你就有了回旋余地。这种挡箭牌策略不仅可以给你的谈判对手带来更大压力，而且还不会导致任何对抗情绪。

在谈判开始前，我们总是希望上级赋予我们独断的权力，然而，在谈判高手看来，这种做法不但不会给你带来好处，反而会将你置于不利的位置。相反，如果你能找到一个更高的权威做挡箭牌，对方就会知道，他必须作出更大的让步，才能说服你的上级。

尼尔伦伯格是美国著名的谈判专家。有一次，一个委托人请他协助参加一项谈判。谈判当天，尼尔伦伯格和委托人的律师都已到达，可委托人自己却因故迟迟未到。

这时，尼尔伦伯格提出鉴于时间关系，不如由他们代表委托人先谈判，对方答应了。

在谈判中，尼尔伦伯格根据事先商议好的策略，提出一个又一个要求，并想方设法让对方作出承诺。反过来，当对方要求尼尔伦伯格依照己方义务作出相应的承诺时，他却借故推辞道：“很抱歉，由于委托人不在，他授予我的权力有限，我无法擅自做主。”

就这样，尼尔伦伯格为委托人争取到很多利益，而他则以“授权有限”为借口，几乎没向对方作出任何承诺。对方虽然不满，却也无可奈何。等委托人赶到时，一切已成定局。

这就是挡箭牌策略在谈判中的妙用。当对方知道你无法做主时，口气就不会那样咄咄逼人，相反地，他会把你当作一个中间人，用商议的口吻提出自己的要求，然后请你代向上级请示。这样，对于缓和剑拔弩张的谈判气氛是很有效的。

强调对方可能的损失

口才技巧

对于同样数量的收益和损失，人们的敏感程度是不一样的，通常损失的痛苦要远远大于收益的快乐。这告诉我们，要说服别人，你应该强调对方可能的损失。

对于同样数量的收益和损失，人们的敏感程度是不一样的，通常损失的痛苦要远远大于收益的快乐。这个其实很容易理解，假设你在股市里赚了 1000 元，让你获利了结可能没什么，但如果赔了 1000 元，让你割肉出局就难了。这在心理学上称为损失厌恶。

经济学家理查德·塞勒曾经做过这样的实验：

假如你得了一种病，有万分之一的可能性会突然死亡，而现在有一种药，服用后可将死亡风险降为零，你愿意花多少钱来买这种药？大多数人的回答是几百元。

再假设你现在身体很健康，医药公司请你测试一种新药，这种药服用后有万分之一的可能性突然死亡，这时你会向医药公司要多少补偿？大多数人即便几万元，也不愿意参加。

这个实验生动说明了人们的损失厌恶心理。生病后康复是一种相对不敏感的收益，而本身健康的情况下增加死亡概率，对人们来说却是难以接受的损失。

损失厌恶在谈判中有着广泛的应用，它告诉我们，要说服对方接受我们的观点，你应该强调对方可能的损失而不是收益。事实上，这种技巧在日常生活中屡见不鲜。当我们想买某件东西，但仍在犹豫不决时，导购员通常会提醒我们，这件东西现在优惠力度很大，再不买就没机会了。听到这样的话，虽然我们明白这多半是个幌子，但还是会倾向于购买。

打一巴掌，再给个甜枣

口才技巧

当我们想给对方制造压力，又不想让对方产生对抗情绪时，通常可以采取黑白脸策略，即先以强硬的姿态打压对方，然后再以温和的姿态安抚对方。

在谈判中，如果你想给对方制造压力，又不想让对方产生对抗情绪，那么，你可以先摆出一副强硬的姿态打压对方，然后再以温和的姿态安抚对方。这种打一巴掌再给个甜枣的做法，就是我们平时熟知的黑白脸策略，它是一种非常有效的谈判策略。

美国总统吉米·卡特就曾运用这种策略，成功地解救出被伊朗扣押的人质。

1980 年 11 月，卡特在竞选连任时不幸失利，将在两个月后离任。在此之前，他还有一项重要的任务要完成——解救被伊朗政府扣押的美国驻德黑兰外交人员。他可不想让里根刚上任就坐享其成。可是，如何才能在短短数十天的时间内，迫使对方作出让步呢？

在这个关键时刻，卡特想到了黑白脸策略。于是，他告诉伊朗最高领袖霍梅尼：“聪明的话，就跟我合作，千万别等到里根上台！你可不知道，那个家伙曾经演过牛仔，他的副手曾经掌管过中央情报局；而国务卿是著名的鹰派人物亚历山大·黑格，这些家伙比英国人还要疯狂，没有人知道他们会干出什么事情来。”

对于卡特的表态，里根自然心领神会，他告诉劫持分子："如果我是你的话，肯定会选择跟卡特政府合作来解决这个问题，他可是个'好好先生'。我想你也不愿意把我当作你的对手。"就这样，在里根总统宣誓就职的当天早晨，人质被释放了。

黑白脸可以由同一个人扮演，也可以由两人分饰。其中，一个人口气强硬，不断给对方脸色看，另一人则温文尔雅、通情达理。在这种策略的影响下，对方会因为对比心理，不自觉地接纳温和之人的建议，尽管这只不过是己方事先安排好的一出戏而已。

装傻为上策

口才技巧

对于谈判高手而言，聪明就是愚蠢，愚蠢就是聪明。在谈判中，你越是装得愚蠢，最终的结果可能对你就越有利。

在谈判时，装傻可以消除对方的竞争心理。想想看，面对实力远逊于自己的人，有谁会把他当成竞争对手呢？著名谈判大师罗杰·道森曾经说过，对于谈判高手而言，聪明就是愚蠢，愚蠢就是聪明。在谈判中，你越是装得愚蠢，最终的结果可能对你就越有利。

曾经有三个日本人，代表公司与美国人谈判，希望购买对方的飞机。美国人一上来就摆出一副强大的阵势，用三台幻灯机，花了两个半小时，向对方介绍公司和产品的概况，试图在气势上压倒对手。然而，日本人在整个过程中岿然不动。

放映结束后，美方代表得意扬扬地问日本人："看过我们的产品后，觉得怎样？"不料，一位日方代表说："我们没看懂。"美国人的脸上顿时没了笑容，强压怒火问道："到底哪里没看懂？"另一位日方代表微笑着说："我们全部没弄懂。"美国人只好重新放了一遍。

之后，美国人迫不及待地问道："这下该看懂了吧？"谁知道，日本人依旧端坐在椅子上，摇了摇头。美国人彻底没了脾气，像霜打的茄子一样，斜靠在墙上。这时，日本人开始发力，慢条斯理地说出了自己的条件，而美国人脑子里一片空白，稀里糊涂就给答应了。

在谈判中，把精明写在脸上、处处锋芒毕露的人，实际上是把自己放到了一个非常不利的位置上。故事中的美国人，一上来就摆出一副咄咄逼人的姿态，仿佛要一口吃掉对方，然而聪明的日本人却通过装疯卖傻，彻底瓦解了对方的意志，最终成为谈判的赢家。

用沉默挫败敌人

口才技巧

在谈判中，沉默是一种无声的武器。当你保持沉默时，不仅可以最大限度地掩饰自己的底牌，还能向对方展示自信，令其感到无穷压力，最终不堪重负，自乱阵脚。

人们总是认为，谈判需要唇枪舌剑。殊不知，有时候，沉默才是最好的武器。与喋喋不休相比，沉默更能彰显自己的气场，将对手逼得心慌意乱、不知所措，从而挫败对手。

1945 年，美、英、苏三国元首在波茨坦召开会议，商讨战后事宜。会上，美国总统杜鲁门对斯大林说：“我们已经成功研制出一种新型武器，其威力是其他导弹无法比拟的。”他还向斯大林暗示，这种武器就是原子弹，并且反复强调原子弹的巨大威力。

杜鲁门本想借这番话敲打一下斯大林，让他意外的是，斯大林面无表情，根本没做任何反应。坐在一旁的英国首相丘吉尔也观察了斯大林，得到的结论和杜鲁门完全一样。

事后，丘吉尔对杜鲁门说：“自始至终，我都在观察他脸上的表情，但丝毫没有变化。他好像一直在听你说话，而且对你们的新型武器早有耳闻。”

在人际交往中，对方突然的沉默往往会令我们感到惶恐不安，因为我们不知道对方在想什么，生怕自己刚才的话得罪了对方。

在波茨坦会议上，斯大林很好地利用了这一点。杜鲁门和丘吉尔本来想借原子弹的威力，在第二次世界大战结束后，从苏联人手中捞取更多的政治利益。然而，斯大林却用沉默打乱了他们的布局，最终瓦解了他们的攻势，达到不战而胜的目的。

步步蚕食，积小胜为大胜

口才技巧

人们一旦作出某个决定，就会不断强化这个决定。因此，高明的谈判者总是通过整体切割、步步蚕食的方法，不断说服对方作出他们原本并不愿意作的让步。

如果你想得到一根香肠，而你的对手抓得很牢，这个时候，你该怎么办？生拉硬拽，恐怕只会激起对方的誓死反抗。最妙的办法是，先请他给你一小片。对此，人们通常不会介意。然后，第二天、第三天……你再如法炮制。直到最后，整根香肠就全是你的了。

在谈判中，这种策略运用得非常普遍。当谈判陷入僵局时，通过整体切割、步步蚕食的方法，通常会收到意想不到的效果。这个过程就像切香肠，故人们称它为切香肠战术。

乔迁新居前，小朱来到灯具城选灯，促销员向他推荐了各种款式的灯。

“朱先生，您看您是选择蓝色这款，还是红色这款？”

“蓝色这款要多少钱？”小朱问道。

“680元。”促销员回答。

“红色那款呢？”小朱追问道。

“620元，两个相差不大，打完折差60元。如果您喜欢蓝色，就选蓝色这款吧。”

小朱有些心动了，正当他准备掏钱时，促销员继续介绍道：“朱先生，您还可以买一个床头灯，不用开房间大灯，只要开这个床头灯就行了，这样比较省电。”

“朱先生，小孩儿的眼睛要保护好，我建议您再给孩子买一个护眼灯。”

小朱心想，这个建议不错，于是同意了。

就这样，在促销员的诱导下，小朱购买灯具的预算从最初的3000元增加到4500元。

切香肠战术之所以有效，是因为在谈判对手看来，小的让步不值一提，而一旦他们作出让步，就会在大脑里不断强化这个决定，最终作出一些起初他们并不愿意作的让步。

声东击西，转移对方的注意力

口才技巧

在谈判桌上，激烈的对抗非但无助于达成目标，反而会引起对方的警惕和反感。因此，高明的谈判者常常会将议题巧妙地转移到无关紧要的事情上，或者大谈自己根本不感兴趣的问题，用以迷惑对方，使对方顾此失彼，从而一举获胜。

在谈判时，一旦你的真实意图为对方所知，他们就会提高警惕，设置重重障碍来阻止你达到目的，结果只会对己方不利。所以，为了掩盖自己的真实意图，高明的谈判专家会用声东击西、围魏救赵的方法来转移对方的注意力，为自己争取利益。

山东烟台塑料编织袋厂就曾以这种策略，从日方手中低价引入了一条生产线。

谈判伊始，日方代表以设备先进为由，开价高达240万美元。看到对方一副志在必得的样子，中方代表、编织袋厂厂长娄维川很清楚，要让对方作出让步，强攻是不行的。

于是，娄维川采取声东击西的策略，派人去和西方一家公司联系，并故意放出风声。机敏的日方立刻意识到自己可能失去一条大鱼，于是主动将价格降至 180 万美元。这个价格已经接近厂里最初预定的目标，但中方借口西方厂家的报价更低，要求日方再作让步。

此时，日方代表震怒了，他将公文包狠狠地摔到谈判桌上，然后说："我们多次请示公司才为贵方争取到这个价格，可你们得寸进尺，真是太没有诚意了！"

娄维川也假装发怒，将公文包摔在谈判桌上，并故意将包里所装的西方某公司的设备资料和照片散落一地。日方代表一看，气焰立消，最终以 140 万美元的价格签订了协议。

很显然，中方抛出西方公司，并非真的想与其合作，而只是一个幌子，借此来打压日方的气焰，最终令日方自乱阵脚，被迫作出让步。这种声东击西的策略有时候能收到奇效。

释放烟幕弹，混淆对方的视线

口才技巧

在谈判桌上，高明的谈判者会用一些微不足道的问题来混淆对方的视线，等对方晕头转向之时再突然发力，令其无所适从，从而达到自己真正的目的。

在谈判桌上，高明的谈判者会用一些微不足道的问题来混淆对方的视线，而将自己的真实目的掩藏起来，在对方晕头转向之时再突然发力，令其无所适从，来不及反应，从而达到自己真正的目的。这种释放烟幕弹的做法又被称为红鲱鱼策略①。

关于红鲱鱼策略，著名谈判大师罗杰·道森曾经举过一个经典的案例。

朝韩停战和谈期间，双方一致同意，各选派三个中立国作为己方代

---

① 该名字来自动物保护组织。由于晾晒后的红鲱鱼发出的气味和狐狸非常相似，动物保护组织为了保护狐狸免遭猎杀，就在狐狸出没的地方晾晒红鲱鱼，以此来迷惑猎狗，使猎狗嗅不出狐狸的藏身之地。

表，连同本国的谈判代表一起参加谈判。当时，韩国选了挪威、瑞典和瑞士，而朝鲜则选了波兰、捷克和苏联。此举一出，立即遭到国际组织的反对，他们声称苏联不是中立国，不能作为代表。但朝鲜坚称苏联并没有直接参与朝鲜战争，所以理当有这个资格。谈判陷入了僵局。

就在双方争执不下时，朝方突然宣布他们可以不选苏联作为代表，但希望对方作出让步：同意朝鲜重建自己的机场跑道。为避免谈判破裂，韩方不得已同意了这个要求。

事实上，朝鲜方面从来就没有想过要请苏联加入谈判，他们只是在释放烟幕弹，混淆韩方的视线，从而迫使韩方作出让步。最终，朝鲜得到了他们想要的东西。

这个鲜活的案例告诉我们，如果想让对方答应你的要求，不妨先提出一个对方根本不可能答应的要求，混淆对方的视线，等对方拒绝时，你再将自己真正的要求提出来。这时，对方会觉得你作出了让步，作为补偿，他一般会答应你的要求。

巧用疲劳战术，瓦解对方的意志力

口才技巧

人们在疲惫时，注意力不集中，判断力也随之下降，这个时候，很容易被别人说服。因此，很多谈判高手都懂得在耐心的周旋中消耗对手，最终迫使对方作出让步。

生活中，我们有这样的体验，当我们疲惫不堪或困顿不已时，如果有人向我们提出某种要求，尽管可能对我们不利，我们也很容易满足，因为此时我们只想尽快得到休息。

美国心理学家丹尼尔·吉尔伯特经过研究后发现，人们在疲惫时，更容易被别人说服。这是因为，疲惫会分散人们的注意力，削弱他们的判断力，即便听到假话，也会信以为真。相反，只要打起精神，或者经过充足的睡眠，他们就会头脑清醒，恢复正常的判断力。

人的这些生理缺陷常常成为谈判中的突破口。精明的日本商人就善于在谈判中运用疲劳战术，耐心地与对方周旋，直到把对方拖垮，他们才全力出击，迫使对方作出让步。

曾经有位美国商人，前往日本洽谈业务。由于事前做了充分准备，他对谈判充满了信心。当他走下飞机时，两名日本公司的职员已经等候在机场。他们热情款待了美国客人，并把他安顿在东京一家高级酒店。正当他准备躺下休息时，对方却告诉他，公司为了迎接他，特意安排了一个丰盛的晚宴。美国人见盛情难却，只得从命。

晚宴上，美国人喝得酩酊大醉，等他回到宾馆时，已经是凌晨一点。躺在床上的他，兀自沉浸在晚宴的欢乐中，早忘了第二天的艰苦谈判。

结果，第二天一大早，精力充沛的日本人就敲开了他的房门。谈判准时开始了。美国人此刻宿酒未醒，浑身无力，在对方咄咄逼人的攻势下，毫无招架之力，只好草草答应了对方的要求。日本人最终大获全胜。

虚张声势，震慑对方的心理

口才技巧

在谈判中，当你处于弱势时，不妨用夸张的语言和行动来造势，令对方感觉到你的强大，并对你的整体实力产生错觉，以此来威慑对方。

在谈判中，当你处于弱势时，不妨用夸张的语言和行动来造势，令对方感觉到你的强大，进而不敢小觑你。这种虚张声势的谈判策略，能够无限放大你的优势，让对方只看到你的强大，并对你的整体实力产生错觉。

谈判高手善于用这种策略来为自己造势，他们越是在危急时刻，越是能够掩饰自己的恐惧，以高压的姿态来震慑对手。拿破仑、卡内基、洛克菲勒……这些历史上显赫一时的人物，在其迈向成功的道路上，无不将这一策略运用到炉火纯青的地步。

20 世纪 20 年代，在日本横滨，有一个名叫山下龟三郎的小煤炭商。

为了将生意做大，他拐弯抹角地和烟炭商会会长松永拉上关系，并在神户最豪华的西村饭店宴请他。

酒过三巡，山下对松永说，希望松永免费给他提供煤炭，再由他转卖给其他零售店。虽然山下许诺的报酬可观，但因为没有预付款，风险全部由自己承担，松永犹豫不决。

这时，山下突然对身旁的女服务员说："明天我要去大阪炮兵工厂办事，请你帮我买些神户特产瓦煎饼来。"说着从口袋中掏出一沓面值10万日元的钞票，随手抽出两张递给她。然后，他又抽出一张说："这是给你的小费。"一旁的松永见状，心中暗暗吃惊，认定山下一定是个大老板。于是，还没等山下再次开口，他便主动表示愿意与山下合作。

山下表示谢意后，立即找了个借口溜出饭店，追上刚才那个女服务员，将30万日元全部要了回来。晚宴结束后，他立刻退掉了西村饭店的豪华套房，因为他付不起西村饭店昂贵的费用。

避免单方面的让步

口才技巧

在谈判中，如果对方要求你作出让步，你也应该让对方作出相应的让步。这样，可以使你的让步显得更有价值，同时也能为自己争取到更大的权益。

在谈判中，如果对方要求你作出让步，哪怕这个让步很小，你也应该让对方作出相应的让步。这样，可以使你的让步显得更有价值，同时也能为自己争取到更大的权益。

举个简单的例子，你打算卖房子，买方问你是否可以赠送家具，这时你切不可马上答应对方的要求，而应该反问道："如果我答应赠送家具，你会为我们做些什么？"

让步是周恩来用得最多的一种策略，但他从来不作单方面的让步，在他看来，让步必须是双方的。当然，双方让步也并不意味着非要对等，非要走同样多的步子不可。

1945 年，在重庆谈判中，周恩来始终坚持相互让步原则，为我方争取到了更大权益。

谈判之初，双方的目标差距很大。为了打破僵局，周恩来在谈判中适时作出让步，表示只要国民党确定和平建国方针，以和平、民主、团结为统一基础，我方就拥护蒋介石的领导地位和孙中山倡导的三民主义。

经过一番努力，国民党代表接受了我方原则，周恩来当即表示：我方可以在军队数目和政权产生问题上作出相应让步。就这样，双方在让步的基础上达成了《双十协定》。

避免单方面的让步，还可以帮助你摆脱不必要的纠纷。如果对方的每一个要求，你都无条件满足，他们就会无休止地要求你让步。而一旦你要求对方作出让步，他们就会意识到让你作出让步是需要付出代价的。这样一来，他们就会权衡利弊，而不是一味索取。

随时准备离开

口才技巧

当谈判陷入胶着状态，而对方坚持不肯让步时，再纠缠下去已无意义。这时，最好的办法就是随时准备离开。这种办法可以让你的谈判技巧迅速提升。

谈判不仅需要经验和技巧，还需要一点勇气和魄力。当谈判陷入胶着状态，而对方坚持不肯让步时，再纠缠下去已无意义。这时，最好的办法就是随时准备离开。通过这种方式，你可以告诉对方：如果你不能满足我的要求，我只好选择放弃。在罗杰·道森看来，这是所有谈判施压方式中最有力的一招，它甚至能够让你的谈判技巧迅速提高。

1962 年，古巴导弹危机爆发。为了化解危机，美国政府派时任司法部部长罗伯特·肯尼迪前去谈判。然而，对方的态度很强硬，始终不肯松口。眼看谈判无果，再僵持下去也无意义。肯尼迪抓起公文包，作势走人。这个动作清晰地传递出美国政府“一旦谈判失败，不惜诉诸武力”的强硬态度，令对方的心理压力倍增。

果然，谈判结束后不到24小时，苏联领导人赫鲁晓夫就宣布撤除古巴飞弹。

在这场危机中，美方代表并没有在语言上与对方进行过多的纠缠，而是摆出一副随时准备离开的姿态，令对方事先制订好的计划全部落空，慌乱之下不得不作出妥协。这种破釜沉舟式的策略需要足够的勇气和魄力，同时必须以强大的实力作为后盾。事实上，早在此次危机前，美军就在猪湾等事件上建立起言出必行的信誉，这是不战而能屈人之兵的关键。

适时发出最后通牒

口才技巧

在谈判中，当己方已退至底线时，你可以发出最后通牒，将主动权牢牢抓在自己手中。事实证明，对方在接到最后通牒时，一般都会作出一定的让步。

在谈判中，当己方已退至底线时，最后通牒就成为唯一可能让对方再让步的办法。这是一种非常高调的谈判方式，当你发出最后通牒时，就已将主动权牢牢掌握在自己手中。如果对方答应，说明还有让步余地，你可以进一步提出自己的要求；如果对方不答应，说明对方也退至底线。事实证明，对方在接到最后通牒时，一般都会作出一定的让步。

1979年，当美国汽车业巨子李·艾柯卡接手克莱斯勒时，他面对的是一个千疮百孔的烂摊子。为了缓解公司的财务压力，艾柯卡决定将工人每小时的薪水从20美元降至17美元。工会一开始坚决不答应，艾柯卡威逼利诱，对方就是不松口。这一拖就是一年多，无奈之下，艾柯卡决定下最后通牒。

他找到工会负责人，严肃地对他们说：“我给你们最后几个小时，你们必须在明天上班前给我答复，否则我只能宣布公司倒闭，到时候最痛苦的人或许不是我。”

工人们一听慌了，假如公司破产，他们就会失业，当时经济不景气，再找工作谈何容易。艾柯卡既然下了最后通牒，说明这是他的最后底线，再僵持下去只能两败俱伤。于是，工人们很快作出让步，接受了艾柯卡提出的降薪要求。

需要说明的是，最后通牒虽然是一种非常有力的施压方式，但它同时也存在一个致命的弱点，即一旦你发出最后通牒，就等于堵死了自己的退路。如果对方未予理睬，而你届时又不能付诸行动，那么，你将失去所有的谈判筹码，最终任人宰割。

在小处让步，争取大局上的胜利

口才技巧

大部分人都不愿意让步，因为让步通常被人们理解为懦弱。然而，心理学家告诉我们，适当地让步，不但无损于我们的利益，反而有助于我们获得大局上的胜利。

聪明的谈判者在遇到问题时，总会绕道而行，而不会困兽犹斗，他们灵活地作出微小让步，让对方有一种胜利的感觉，由此奠定了大局上的胜利。这就是以退为进的策略。

著名外交家周恩来就是个懂得拿捏分寸的谈判高手。每次谈判时，他总是能够以己方的较小让步换来对方的较大让步，既不让谈判陷入僵局，也不会为了妥协而作无谓的让步。

在中美建交谈判时，台湾问题是双方争执的重点。周恩来一开始就表明中国政府的立场，即中华人民共和国是中国的唯一合法政府，解放台湾是中国的内政，美国军队必须撤出台湾。但是，美国国务卿基辛格一再强调不能背弃台湾，要求换一种方式表达美国的观点。

基辛格坚持在联合公报里写道：“美国认识到，在台湾海峡两边的所有中国人都认为只有一个中国，台湾是中国的一部分。”周恩来知道，这是故意用“美国认识到”来代替“美国承认”，旨在保全美国人的面子。考虑到对方已经说出“一个中国”的意思，如此表述基本上可以接受，于是，周恩来微笑着称赞道：“博士到底是博士，这可是一项奥妙的发明。”

不过他认为，说“台湾是中国的一部分”，不如说是“一个省”更准确，毕竟在汉语里，省代表了对中央的归属。但基辛格却认为，两者在英语里没多大差别。周恩来并没有在这个问题上过多纠缠，毕竟对方已经满足了我方的要求，遂表示这个问题以后再讨论。

PSYCHOLOGY

AND ELOQUENCE
SKILLS

第15章
演讲口才

选择自己熟悉的主题

口才技巧

在演讲中，一定要选择自己熟悉的主题。只有这样，你才能结合自身经历，讲述自己独到的见解和感受，从而激起听众的热情和兴趣。

每个人说起自己熟悉的话题时，总是绘声绘色、滔滔不绝，而说起陌生的话题，难免磕磕绊绊、一时语塞。所以，在演讲中，要选择自己熟悉的话题，这样才能打动听众。

小曹参加了一个口才培训班，老师让他给同学们作一次演讲，小曹选择了“上海”这个主题。他在网上收集了大量资料，并列举了大量事实，以证明上海是全世界最具魅力的城市之一。但是，他毕业后刚来上海，对上海其实并不熟悉，所列举的事实或数据都是从网上摘录下来的，显得干巴巴的。因此，听众席上的同学们听得乏味至极，连连打瞌睡。

后来，小曹参加了城市志愿者组织，跑遍上海的每一个角落，参与各种志愿者活动，对上海有了更深入的了解。一年后，他再次选择“上海”作为演讲主题。这一次，他没有从网上摘录资料，而是通过自己亲身经历的一个个鲜活事例，结合自己的切身感受，将上海这个国际化的大都市活灵活现地展现在大家面前。同学们对他精彩的演讲报以热烈的掌声。

同样是以“上海”为主题，最终的效果却截然相反。之所以如此，是因为小曹对演讲主题的熟悉程度不同。第一次，他对上海并不熟悉，因此言之无物，听众自然觉得乏味；第二次，他对上海有了了解，结合自身经历讲述独到的见解，自然激起了听众的热情和兴趣。

千万不可死记硬背

口才技巧

人一紧张，就容易忘词，所以在演讲中，千万不要死记硬背。其实，只要你自然地对听众说话，就可以创造出轻松、随意而又跌宕起伏的效果。

很多人认为，只要演讲稿足够精彩，并且事先做好准备，将其逐字逐句背下来，就能保证万无一失。其实，这种方法很不可取。且不说死记硬背要耗费很多时间，就算你能背下来，效果也不会太好——没有人喜欢照本宣科，那会令人感觉枯燥无味。

卡滕伯恩是美国资深的新闻评论家。当他还在哈佛大学念书时，曾经参加过一次演讲比赛，题目是《先生们，国王》。演讲前，他做了精心准备，将整篇演讲稿牢记于心。他以为这样就万无一失，然而当他走上演讲台，看到台下黑压压的人群时，脑子里一片空白，竟然一个字都想不起来了。他感到很绝望，却没有勇气就此下台，于是他试着用自己的语言来讲述，从开始的语无伦次到最后的镇定自若，他终于完成了演讲。最终的结果令他大跌眼镜：评审们竟然将第一名的奖章颁给了他！

卡滕伯恩惊讶万分，从此，他明白了一个道理：没有人喜欢听死记硬背的演讲稿，只要自然地对听众说话，就可以创造出轻松、随意而又跌宕起伏的效果，这种效果才是听众们真正想要的。正是凭借这个道理，卡滕伯恩在广播事业上获得了巨大的成功。

人一紧张，就容易忘词，这正是死记硬背的致命伤。即便没有忘词，演讲也会显得机械生硬，让人感觉索然无味。最好的演讲是将自己的生活和经历融入其中，只有这样，演讲才有意义和内涵，也才能紧紧抓住听众的心。

数字三原则

口才技巧

研究证实，我们只能同时记住三四件事。这意味着，在演讲中，你表达的要点最好不要超过三个。如果你列举太多的要点，人们是不可能完全记住它们的。

很多人在演讲时，总是不厌其烦地列出一大堆要点，唯恐漏掉其中一点。殊不知，在演讲中少即是多，如果你有太多的要点，人们是不可能完全记住它们的。研究证实，人类大脑在短时间内最多只能同时处理三四条信息，也就是说，我们只能同时记住三四件事。

这对演讲者而言，是个重要的启示，它告诉我们，在演讲中，你表达的要点最好不要超过三个。这就是数字三原则。很多演讲大师都是数字三原则的信奉者。

下面让我们来看看，乔布斯在 2007 年 1 月的 Macworld 大会上是怎么做的。演讲一开始，他就向大家宣布：每隔一段时间，就会出现一款革命性的产品。1984 年麦金塔改变了计算机产业，2001 年 iPod 改变了音乐产业。今天，我们将推出三款革命性的产品。

什么？我没听错吧？像麦金塔、iPod 那样的革命性产品，还是三款！台下的听众震惊了，他们简直难以相信自己的耳朵，大家屏住呼吸，准备见证奇迹发生的那一刻。

“第一款产品是一部宽频触控式的 iPod。”台下响起零星的掌声。乔布斯接着说：“第二款产品是一部革命性的手机。”听众报以热烈的掌声。“第三款产品是一台突破性的互联网通信设备。”这个时候，听众们稍稍松了口气，靠在椅背上等待乔布斯的更多介绍。

见证奇迹的时刻到了。乔布斯重复了一遍刚才的话，然后说道：“你们明白了吗？这不是三款独立的产品，而是一款产品，我们管它叫 iPhone。今天，苹果重塑了手机！”

全场听众顿时疯掉了，乔布斯也很激动。我们看到，在寥寥数语中，他两次运用数字三原则，从而调动了全场的气氛。第一次，他首先回顾了两款革命性的产品，稍作铺垫后，推出了当天的主角。第二次，他将主角拆分成三款产品，从而突出了它的革命性。

在乔布斯的产品演示生涯中，这堪称最经典的一次，甚至被很多人奉为圭臬。

学会讲故事

口才技巧

没有人愿意听别人说教，但是人人都喜欢听故事。成功的演讲大师都有个共同的特征——擅长讲故事。所以，要想在演讲中打动人心，就必须学会讲故事。

在演讲中，讲故事是最简单、最有凝聚力的工具。那些成功的演讲大师大都有个共同的特征——擅长讲故事。这是因为与空洞的说教相比，人们更容易被故事打动。美国著名作家亚历克斯·黑利曾经说过，演讲最好的开始就是："我来给你们讲个故事吧。"

还记得乔布斯在哈佛大学毕业典礼上的演讲吗？事实上，那场演讲之所以被人们奉为经典，就是因为乔布斯用自己的三个人生故事，深深打动了在场的每一位听众。

美国前副总统阿诺·戈尔同样是一个讲故事的高手。在2009年哥本哈根会议期间，戈尔发表了一次公开演讲，他是这样开始的：

"演讲开始前，我先给大家讲个故事。从前，有位司机撞伤了一个农夫，还撞死了他的牛。于是，农夫对肇事司机提起赔偿诉讼。在法庭上，司机的律师质问农夫：事发后，警察问你好不好，你说'还行'，为什么现在又索要赔偿？

"农夫刚想解释，又被律师打断，'你只要告诉我们，你当时是对警察说还行吗？'

"'是的,'农夫可怜巴巴地回答道,'但那是因为警察看到我死了一头牛,问我伤不伤心,我答,'还行'。"

听到这里,大家都笑了起来。这时,戈尔话锋一转,说道:"我想说的是,在哥本哈根,我们绝不允许诸如此类的歧义或误解发生。我们一定,也必将会在这里达成公平、公正、行之有效、具有实质意义和法律约束力的协议。这就是我今天要讲的内容。"

话音未落,全场爆发出雷鸣般的掌声,人们完全赞同戈尔的意见,演讲大获成功。

让大坏蛋出场

口才技巧

在一部电视剧里,让人印象最深刻的不是故事的主角,而是十恶不赦的大坏蛋。高明的演讲者善于利用人们的这种正义感,在演讲中引入一个大坏蛋,让他们在同仇敌忾中加深对演讲内容的印象。

我们都有这样的体会,在一部电视剧里,让人印象最深刻的,往往不是故事的主角,而是十恶不赦的大坏蛋。是什么原因,让我们如此印象深刻呢?答案是,一种来自内心深处的愤慨。这是一种经典的戏剧手法,通过制造矛盾和冲突来激起观众的正义感。

这种手法常常被演讲者借鉴。他们在演讲中引入一个大坏蛋,让听众在同仇敌忾中紧紧团聚在英雄周围,共同抵御外部威胁。最后,在英雄和恶棍的对决中迎来演讲高潮。

乔布斯就是这样一位"造戏"高手。在2007年的Macworld大会上,当演讲进行到30分钟时,乔布斯开始解释为什么我们需要一款革命性的手机。答案是,现有的智能手机根本谈不上智能,不仅性能低下,而且操作复杂,简直令人不堪忍受。

接下来,大坏蛋登场了。乔布斯一下子推出了手机界的"四大恶人":摩托罗拉Q、黑莓、奔迈和诺基亚E62。它们都是当时最具代表性的智能手机，乔布斯首先拿它们开刀。

那么，这“四大恶人”都有什么问题呢？很简单，它们无一例外都配了物理键盘。换句话说，不管你用不用，它们都在那儿躺着，没有选择的余地。苹果要做的就是摒弃它们。

于是，iPhone 出现了。它用一块触摸屏，取代了所有的物理按键和手写笔，让我们的手直接与屏幕亲密接触，随心所欲地掌控各种应用。如果你想拨号，屏幕会调出数字键盘；如果想写东西，屏幕会调出打字键盘。软件取代硬件，使得界面运行起来更加流畅。

英雄与坏蛋的对决，以英雄的完胜告终。

制造难忘的瞬间

口才技巧

美国作家马娅·安杰卢曾经说过，人们会忘记你说过的话、做过的事，但他们永远不会忘记你带给他们的感觉。所以，要让人记忆深刻，就必须在演讲中制造难忘的瞬间。

人的大脑就是一块懒肉，对无聊的东西不感兴趣，只会注意那些能够引起情绪波动的事情。只有这个时候，扁桃体才会释放出更多的多巴胺，促进人们的记忆。所以，要让人记忆深刻，就必须在演讲中制造戏剧性。就像电影《第六感》那样，即使整部片子波澜不惊，但一个出人意料的结局，就足以让它入选史上最经典的恐怖惊悚片。

在 2008 年的 Macworld 大会上，乔布斯让我们体验了一把心跳加速的感觉。在那次大会上，他为我们表演了一场精彩的近景魔术，其道具是一个普通得不能再普通的文件袋。

魔术开始前，乔布斯首先向大家宣布：苹果造出了世界上最薄的笔记本电脑 MacBook Air。然后，将它同索尼的 TZ 系列进行比较。这个时候，大屏幕上出现一个文件袋，乔布斯对大家说：“这就是 MacBook Air，特别薄，甚至能装进一个你在办公室随处可见的文件袋里。”装在文件袋里？

太不可思议了！观众席上一阵骚动，人们不敢相信自己的耳朵。

就在大多数人半信半疑的时候，乔布斯走到舞台一侧，从桌子上拿起一个刚才提到的文件袋，缓缓解开缠绕在上面的密封线。奇迹发生了！一台时尚亮丽的银灰色笔记本电脑轻轻滑落到乔布斯手中，它轻如鸿毛、薄如蝉翼。

当乔布斯将它举过头顶时，全场观众沸腾了，照相机的闪光灯和快门声淹没了整个演讲大厅，人们疯狂地叫喊着，吹着口哨。“你能感觉到它有多薄，它具有全尺寸的键盘和显示屏。是不是觉得不可思议？它是世界上最薄的笔记本电脑。”乔布斯不断地煽风点火。

会后，几乎所有媒体都刊载了一张照片，没错，就是电脑从文件袋里滑落到乔布斯手中的那张。尽管会上有很多的亮点，但多年以后，让人们记住的，永远只是那一瞬间。

使用短标题

口才技巧

> 人的大脑不喜欢超负荷工作，对于复杂的东西，它会产生本能的排斥。因此，在演讲中，与其将幻灯片填满，不如用短标题来吸引听众的眼球，增强听众的印象。

大多数演讲者喜欢长篇大论，他们不断地往幻灯片上塞东西，恨不得把每一厘米空间都填满。然而，这样做不仅不能加强演讲的效果，反而会分散听众的注意力。反观乔布斯的演讲，内容简洁得令人惊讶，他习惯使用短标题，而且绝不包含任何的项目符号。

在介绍每一款产品之前，乔布斯都会提炼出一句最能反映产品特性的短标题，然后在演讲中反复地强调。例如，在介绍 iPod 时，他使用的短标题是“把 1000 首歌装进你的口袋”；在介绍 MacBook Air 时，他使用的短标题是“世界上最薄的笔记本电脑”。这些短标题不但简单、具体，令人过目不忘，还回答了观众最为关心的问题——这和我有什么关系。

在 iPhone 的发布会上，乔布斯一上来就宣布：今天，苹果公司重塑了手机。在那次载入史册的演讲中，他一共说了五次“重塑了手机”。当介绍完 iPhone 的特性后，他再次向观众强调:“我想，当你有机会手握 iPhone 时，你会认同我的观点——我们重塑了手机。”

使用短标题的最大好处是，它可以在屏幕上长时间地占据一个位置，即便听众有片刻的走神，也依然能够紧扣主题，知道你演讲的主要内容是什么。而且因为标题简短有力，所以在演讲中，你可以让这些标题反复出现，起到强化、加固印象的作用。

另外，如果在使用短标题的同时，还能添加一些图片，那效果会更佳。研究发现，用口头方式传递的信息，人们只能记住 10% 的内容，而用图片来传递的话，人们能记住 65% 。这在心理学上被称为图片优势效应。因此，在演讲中不要忘记多展示一些图片。

精心修饰你的数据

口才技巧

在演讲中，如果需要展示数据时，千万记得要精心修饰你的数据，让它们看起来更具体。最重要的是，要将它们同观众熟悉的事物联系起来，让他们产生共鸣。

无论你从事什么行业，都有一些数据要发布。很多人都没想过，把数据弄得有趣点，他们只是把数字简单地扔给听众。然而，人们并不关心你的产品，他们只关心自己。如果你在给出数字的同时，不能说出它和人们的关系，那么，再亮丽的数字也无济于事。

2001 年 10 月 23 日，苹果公司推出了 iPod 音乐播放器，虽然它后来风靡全球，并引领了数字音乐产业的变革，但在当时，399 美元的价格还是让很多人选择观望。那么，如何说服人们相信，这是一款改变他们生活的革命性产品呢？乔布斯开始修饰他的数字。

在新产品发布会上，乔布斯将5G这个枯燥的数据，与人们的生活联系在一起，他解释说，5G的容量足够存储1000首歌曲。这对于平时已经习惯在MP3里放上几十首歌的音乐迷来说，杀伤力实在是太大了，那意味着，他们可以把自己喜欢的歌曲全都收录其中。

不过，光有容量大这个噱头还不够，人们最关心的还是便携性，因此，乔布斯向观众保证说，好戏还在后头。果不其然，他紧接着宣布，iPod只有0.19千克，非常轻巧。

很多演讲者可能就此打住了，可乔布斯不会，他还会告诉大家，具体而言，轻巧到什么程度。为此，他会制造现场体验。他告诉观众，iPod的体形是如此娇小，以至于它能够“放进你的口袋里”，说着，他像变戏法一样，从自己的口袋里掏出一部iPod。

现场观众顿时沸腾了，他们欢呼着，吹着口哨。把1000首歌装进口袋里，这是多么令人激动的一件事，它让枯燥的数字变成了一组动听的旋律，直击人们的内心深处。

乔布斯的案例告诉我们，在演讲中，如果需要展示数据时，千万记得要精心修饰你的数据，让它们看起来更具体、更切题。最重要的是，要将它们同观众熟悉的事物联系起来，让他们产生共鸣。只有这样，枯燥的数据才会变得更加生动、有趣，也更有说服力。

故意制造悬念

口才技巧

好奇是人类的天性，高明的演讲者善于利用听众的好奇心，在谈到某个话题时，故意引而不发，给听众留下想象空间，待对方欲罢不能之际，再把答案和盘托出。

熟悉演讲的人都知道，为了留住观众，演讲者通常需要设置悬念，吊足观众的胃口。著名国画大师齐白石画虾可谓一绝，可他从来不在画里加水，奇怪的是，虽然画中无水，却好像更能让人联想到“虾在水中游”的神奇效果。这在心理学上被称为留白效应。

如果你是一个苹果迷，对于这种演讲风格，就一定不会陌生。在乔布斯的演讲里，总是充满了悬念，以至于不到最后一刻，你都无法预知最终的结局。尤其是，每次演讲结束前那个神秘的保留节目——“哦，还有一件事……”更是让无数的苹果迷为之疯狂。

在2000年1月的Macworld大会上，乔布斯向人们展示了新一代的操作系统Mac OS X，当鼠标滑过使得图标依次变大时，现场爆发出一阵欢呼声。然而，最热烈的掌声出现在演讲行将结束前，好像随口一说那样，乔布斯告诉大家，“哦，还有一件事……”

就在人们竖起耳朵，准备拥抱惊喜的时候，乔布斯却故意把话题岔开，他先是感谢了苹果公司研究互联网战略的员工，接着又感谢了与苹果公司合作过的制图和广告机构。

直到这个时候，他才宣布了这个重磅消息。过去两年多来，苹果公司的每一位员工都在努力工作，在这段时间里，乔布斯不但是苹果的临时CEO，还在皮克斯担任要职，他希望两年后的今天，他已经可以向公司的股东证明，也许能把“临时”两个字扔掉了。

消息一经公布，立刻引爆了现场的情绪，人们激动得起立欢呼、鼓掌，气氛之热烈，让人难以忘怀。好奇是人类的天性，乔布斯的演讲之所以能够打动人心，就在于他吊足了听众的胃口，一旦人们的好奇心被激发出来，他们的注意力就会被牢牢吸引住。

不要纠缠于小意外

口才技巧

在这个世界上，没有人要求你做到完美无缺，除非你自己放不开。因此，当演讲中发生意外时，一定要放松心态，保持镇定，而不要纠缠于小意外。

在演讲过程中，我们经常会遇到一些小意外，例如麦克风突然坏了、幻灯片无法切换、网络出现故障，或者图片无法显示，等等。出现这样的状况，固然令人沮丧，但如果你继续纠缠其中，结果可能会适得其反，越忙越乱，最终使整个演讲陷入僵局。

对此，最明智的做法是先将意外放在一边，想办法转移听众的注意力，或者巧妙地跳过它，继续你的话题。只有这样，才能让双方都享受到演讲的乐趣。

其实，你应该清楚，即使像乔布斯这样的高手，在演讲前经过无数次的排练，也不可能保证任何时候、任何事情都按照原计划进行。在 2007 年的 Macworld 大会上，乔布斯就遇到了一个小麻烦：当他向听众展示 iPhone 的市场前景时，手中的遥控器突然失灵了。

乔布斯并没有慌乱，而是走到舞台右侧，检查自己的电脑。在确认电脑没问题后，他对听众说："遥控器不能用了，后台肯定已经乱成一锅粥了。"观众们顿时被他逗乐了。

"这让我想起了一件事。"乔布斯接着说，"当时我还是高中生，和沃兹设计了一个小装置，可以发出电视干扰信号。为了检测它的性能，沃兹将它带到学生宿舍区，去干扰正在看电视的学生。每当有人站起来，去检查怎么回事时，沃兹就取消干扰；当他一坐下，沃兹就继续干扰。就这样，整整五分钟的时间，那个人不停地做出这种姿势……"

他边说边向大家示范当时的动作，大家被他逗得哈哈大笑，完全忘了遥控器的事情。这时，后台排除了故障，乔布斯回到主题，继续演讲，大家就像什么事也没发生过一样。

在这个世界上，没有人要求你做到完美无缺，也不会有人在意那些小失误，除非你自己放不开，非要和自己较劲儿。因此，当演讲中发生意外时，一定要放松心态，保持镇定，而不要纠缠于小意外。只有这样，你才能够真正享受到演讲的乐趣。

下苦功夫排练

口才技巧

俗话说：台上一分钟，台下十年功。任何雄辩的演讲家都不是天生的，每一次精彩的演讲背后，无不凝聚着他们几十年如一日的辛勤和汗水。因此，如果你想像乔布斯那样演讲，那就下苦功夫排练吧。

俗话说：台上一分钟，台下十年功。任何雄辩的演讲家都不是天生的，每一次精彩的演讲背后，无不凝聚着他们几十年如一日的辛勤和汗水。

丘吉尔，20 世纪最伟大的演讲家之一，在第二次世界大战最黑暗的时期，他的精彩演讲鼓舞了无数英国人。然而，在这些演讲的背后，是丘吉尔刻苦的排练。

乔布斯，世界上最伟大的商业演讲家，他的演讲没有长篇大论，却总是精彩绝伦、悬念迭起，充满领袖气质。很多人认为他是一个天生的演讲家，但《时代周刊》记者克兰茨用自己的亲身经历颠覆了这种认识。乔布斯之所以成为演讲大师，是因为他比所有人都努力。

1999 年 10 月，苹果 iMac 发布前一天，克兰茨采访了乔布斯。当时，乔布斯正在排练演讲中最重要的一段，即“和新款 iMac 打个招呼”的场景。当时，他对灯光效果很不满意，经过无数次失败后，他对灯光师说：“我们就这样一直做下去，直到满意，好吗?”于是，灯光师一次次地演示，大家似乎都有些筋疲力尽了，但乔布斯始终没有点头认可。

最后，他们终于做出无可挑剔的灯光效果。“哦！太好了!”乔布斯激动地喊着，他为眼前这台无与伦比的机器感到兴奋。“太完美了!”他的吼叫声回荡在排练现场。尽管疲惫的灯光师颇有怨言，但他不得不承认，明亮的灯光确实让 iMac 看起来效果更棒。

成功源自比别人更努力，这个规律在任何行业均适用。心理学家埃里克森曾经对各行业的出类拔萃者进行过研究，结果发现，这些人会通过刻苦的训练来提高自己的技能。还记得上一次演讲前，你排练了多久吗?如果你想像乔布斯那样演讲，那就下苦功夫排练吧。

PSYCHOLOGY

AND ELOQUENCE SKILLS

第16章 辩论口才

借对方的观点来反驳对方

口才技巧

对于那些非常固执的人，要说服他们，不妨避开正面交锋，转而先认同对方的观点，然后再以此为前提，用对方的逻辑来反驳对方，使其哑口无言。

生活中，我们常常遇到一些自以为是且十分固执的人。要说服这些人改变观点，有时比登天还难。对此，我们不妨放弃正面交锋，转而先认同对方的观点，然后再以此为前提，用对方的逻辑来反驳对方，使其哑口无言。这就是以谬制谬、以毒攻毒的辩论策略。

著名学者林语堂先生早年旅居伦敦时，曾应邀参加一个外交界举办的晚宴。席间，在谈及自己对祖国的热爱时，有位英国贵妇人不屑地驳斥道："依我看，林先生根本不爱自己的国家，否则又怎么会远渡重洋来到我们英国呢?"

林语堂不愧是大家，面对对方的挑衅，脸上没有丝毫怒意，反而微笑道："看来夫人也不爱自己的家，否则就该整天待在家里，又怎么会跑来出席晚宴呢? 想当初鸦片战争时，贵国军队不远万里、跋山涉水侵略中国，原本我以为是为了贵国的利益，现在看来，原因竟然是他们不爱国!"贵妇人听罢无言以对，只好灰溜溜地走开了。

故事中，贵妇人的观点可谓荒谬之极，然而当面驳斥，恐伤及对方自尊，令场面变得难堪，也无法令其心服口服。在这种情况下，强攻不如巧攻。林语堂深知这一点，他巧妙地借用贵妇人的观点，推论出她不爱自己的家庭，接着又推论出英军人不热爱自己的祖国。一席话看似温文尔雅，实则暗藏锋芒，杀人于无形，令人拍案叫绝。

由此可见，这种借对方的观点来反驳对方的策略具有四两拨千斤的效果。只不过，在运用时要注意，言辞要温和，不要太激烈，但可以带点揶揄或调皮的口吻。

抓住对方的“小辫子”

口才技巧

在辩论中，如果你能够抓住对方的漏洞，及时予以还击，就能够迅速控制局面，掌握谈话的主动权。此时，你再乘胜追击，必能令对手毫无招架之力。

所谓百密一疏，再善辩的对手，也总有出错的时候。如果你能够抓住对方的漏洞，及时予以还击，就能够迅速掌握谈话的主动权。此时，你再乘胜追击，就一定能击溃对方的心理防线，令其毫无招架之力，最终败走麦城。

鲁迅是中国近代大文豪，不仅以笔锋犀利著称，嘴上也不饶人。1926年，鲁迅在厦门大学任教时，时任校长林文庆经常克扣办学经费，师生们对此很不满，却又苦无对策。

在一次会议上，林文庆又提出要削减经费，大家纷纷表示反对，但林文庆根本不听，还狂妄地说：“这事儿你们说了不算，学校经费是有钱人出的，只有他们才有发言权！”

鲁迅一听，当即掏出两枚银元拍在桌上，大声说：“我有钱，所以我也有发言权！”

林文庆当场就愣住了，他没想到鲁迅会来这一出。但这是自己刚说过的话，不好当面反悔。最后，在大家的坚持下，林文庆不得不接受鲁迅的建议，收回了无理的主张。

很显然，林文庆所说的“有钱人”和鲁迅所说的“有钱人”，完全是两回事。但鲁迅却巧妙地抓住对方的漏洞，故意混淆“有钱人”的概念，迫使其放弃主张，收回成命。

所以，在辩论时，我们不要光顾着陈述自己的观点，还要认真倾听对方的辩词，及时抓住对方的漏洞，并予以有力回击，这样才能直捣对方死穴，令其毫无还手之力。

巧设两难命题，让对方骑虎难下

口才技巧

两难命题是一种有效的辩论技巧。如果我们给对方设定一个两难命题，就会使之无论作何种选择都感到十分为难，最终陷入进退维谷的境地。

男人最怕被女人问到的问题是："如果我和你妈同时掉进水里，两人都不会游泳，你先救哪一个?"这个问题之所以不好回答，就在于它给出的两个答案都很刁钻，令对方无从选择。在辩论中，我们也可以运用这个技巧，以两难命题来使对方骑虎难下。

从前有个贪官，整天为非作歹，鱼肉百姓。为了惩戒他，一个戏班子编了一出戏，在当地演出。贪官也去看戏，当即明白这戏里说的就是他，于是火冒三丈，还没等戏演完，就以污蔑朝廷命官的罪名，令衙役将戏班子的班主张氏押回县衙。

公堂之上，这张氏见了贪官不仅不下跪，反而露出一脸不屑的神色。贪官见状，怒拍惊堂木，然后大声喝道："大胆刁民，见到本官还不快快下跪!"

张氏不慌不忙，指了指身上的"龙袍"，义正词严地说："我是天子，怎可向你下跪?"

"演戏责骂可以当真?!"贪官不以为然道。

"既然知道这是演戏，为何还要抓我?"张氏抓住机会，立即反驳道。

贪官被问得一时语塞，愣在原地。最后，在众人的起哄声中，不得不放了张氏。

在此案里，聪明的张氏为贪官设下一个两难命题：如果承认张氏是在演戏，那污蔑朝廷命官的罪名就不成立；如果承认这戏里说的是事实，就等于承认张氏是皇帝，那就更无法为其定罪。几句话，问得贪官瞠目结舌，即便有心报复张氏，也只能认栽作罢。

运用正反对比，形成强烈反差

口才技巧

在辩论中，将两个相对的事物并列出来，可以形成强烈的反差，增强说话的效果。这种辩论技巧有着巨大的杀伤力，无须多费口舌，便能令对方心服口服。

在辩论中，通过正反对比，将两个相对的事物并列出来，可以形成强烈的反差，增强说话的效果。这种辩论技巧有着巨大的杀伤力，无须多费口舌，便能令对方心服口服。

颜斶（chù）是战国时期齐国的一位高士。齐宣王慕其名，把他召进宫来。颜斶见齐宣王正等着他拜见，就停住脚步，不再前进。齐宣王感到奇怪，便大声说："颜斶，你过来！"

不料颜斶还是一动不动，大声对齐宣王说："大王，你过来！"齐宣王听了很不高兴，众大臣也纷纷指责颜斶目无君主。这时，颜斶才不慌不忙地说："我走到大王面前，说明我趋炎附势；大王走到我面前，说明大王礼贤下士。与其让我趋炎附势，不如大王礼贤下士，大家以为如何呢？"一席话驳得众人哑口无言。

"到底是君王尊贵，还是士尊贵？"齐宣王逼问道，显然他心中仍无法释怀。

"当然是士！秦国攻打齐国时，路过名士柳下惠的坟墓，秦军主帅颁布了一道命令：'凡是在墓地旁50米范围内劈柴做饭、铡草喂马的，一律处死。'进攻齐国时，又颁布了一道命令：'凡是能割下齐王脑袋的，可封万户侯，赏金千镒！'你看，一个活着的君王，其脑袋还不如一个死去的名士坟头上的一根草，谁更高贵，不是显而易见的吗？"

齐宣王无言以对，只好悻悻作罢。

在这段精彩的辩词中，颜斶通过趋炎附势和礼贤下士、名士坟墓和齐王脑袋的对比，形成了一种鲜明的反差，从而有力地证明了自己"士比君王高贵"的观点。

巧设问题，让对方无法辩驳

口才技巧

在辩论中，当我们从正面很难驳倒对方时，不妨在讲话中巧设问题，以例证反问之，从而产生比正面辩驳更强的说服力和感染力。

在演讲或辩论中，为了增强语言表达效果，引起对方注意，有时候需要在讲话中巧设问题，然后自问自答，也可以只问不答。重要的不是答案，而是通过提问，诱使对方进行思考，从而令其无法辩驳，自然而然接受你的建议、屈从于你的观点。

当林肯还是一名律师时，就通过巧妙设问，成功赢得了一场诉讼。

有一天，一位独立战争烈士的遗孀找到林肯，哭诉她有一次去领抚恤金时，竟然被出纳员勒索，要她支付一笔巨额的手续费，否则就不给她发放抚恤金。林肯受理了此案，但在法庭公开审理时，出纳员却矢口否认，因为他当时只是口头勒索，并没有留下证据。

那么，要怎样才能争取到法官的支持呢？林肯沉思片刻，慢慢走到法庭中间，饱含深情地向人们回忆起独立战争那段艰难的岁月。渐渐地，人们的情绪被调动起来。这时，林肯大声问大家："战士们为祖国的独立抛头颅、洒热血，付出了宝贵的生命。如今，他们的遗孀年事已高，其中一位正遭受不公正的待遇，她现在就站在我们面前，向我们寻求援助。试问，享受着革命先烈争取来的自由的我们，对这一切能熟视无睹吗？能不管不问吗？能任由他人践踏她们的尊严吗？"说到这里，林肯戛然而止，人们无不为之动容。

最后，在听众的要求下，法庭通过了保护烈士遗孀不受勒索的判决。

移花接木，替换对方的观点

口才技巧

> 移花接木是一种难度较大、对抗性极强的辩论技巧，它通过剔除对方论据中存在缺陷的部分，换上有利于我方的观点或材料，来达到四两拨千斤的效果。

人们在辩论时，有一个基本要求，即双方使用的概念必须保持一致，否则很容易导致混乱，而移花接木则是剔除对方论据中存在缺陷的部分，换上有利于我方的观点或材料。这是一种难度较大、对抗性极强的辩论技巧，运用得当，往往可以达到四两拨千斤的奇效。

有一对夫妻，育有一儿一女，生活十分幸福。美中不足的是，妻子对自己的父母和丈夫的父母区别对待，每月寄生活费时给自己的父母寄300元，而给丈夫的父母只寄100元。丈夫很生气，但又怕挑明了会吵架，于是一直想找个机会教育一下妻子。

这天，丈夫下班回到家，发现一岁半的小儿子躺在摇篮里哭，5岁的女儿坐在地上玩玩具，而妻子正忙着做饭，无暇顾及儿子。于是，他灵机一动，伸手将女儿抱起来。妻子扭头一看，生气地喊道："儿子都哭成那样了，你还不去哄哄他？光顾着跟女儿玩！"

丈夫不紧不慢地说："这100块钱的，还是由你来抱吧，我只抱300块钱的。"

妻子一听，立刻明白了丈夫的用意，她涨红了脸，半晌说不出话来。从那以后，每次寄生活费时，她都会给丈夫的父母也寄去300元。

丈夫对妻子的做法很不满，但却没有当面提出来，而是通过生活中的一件小事，巧妙地将妻子的观点移植进去，让妻子意识到自己的错误，从而自行改正。这种方法能够避免伤害双方的和气，比苦口婆心的说教更有效，更能让人心悦诚服。

从前提引申出对立结论

口才技巧

在辩论中，高明的辩手会从对方的前提引申出与其针锋相对的结论，从而令辩论呈现出尖锐的对立。这种对立越是尖锐，驳倒对方的胜算就越大。

在辩论中，由于观点和立场不同，即使同一个前提，双方也会得出截然相反的结论。高明的辩手经常从对方的前提引申出与其针锋相对的结论，从而令辩论呈现出尖锐的对立。这种对立越是尖锐，驳倒对方的胜算就越大，而对方想要驳倒你的观点却非常困难。

阿凡提有个朋友要到外地去做生意，辞行时，发现阿凡提手上戴了个金戒指，不由得垂涎欲滴，想据为己有。于是，他眼珠一转，想出个坏主意，对阿凡提说："好朋友，我就要去很远的地方了，这一走不知何时才能再见，我会很想念你的。为了我们的友情，你不如将金戒指送给我吧，我会日夜戴在手上，一见到它，我就会想起你——我的好朋友。"

面对朋友的无理要求，阿凡提微笑着说："我和你一样，长久不见会非常想念。因此，不如让我日夜戴着这枚戒指吧，因为我一见到它，就会想起你——我的好朋友曾经向我要过，而我却没有给他。"朋友无言以对，只好灰溜溜地走了。

同样打着友情的幌子，阿凡提却从朋友的前提中引申出与其截然相反的结论：送戒指与不送戒指。由此可见，在辩论中恰当地运用对立引申辩论术，可以使我们的语言更具攻击性和对抗力量，而这种力量往往会使对方毫无还手之力。

事实胜于雄辩

口才技巧

俗话说，事实胜于雄辩。在辩论中，当我们发现对方的观点存在漏洞时，只要举出与其观点相悖的事实，就可以让对方无可辩驳，从而轻松取胜。

在辩论中，面对对方咄咄逼人的进攻，最好的办法不是与之针锋相对，而是抓住对方言谈中的漏洞，以事实来证明其观点之荒谬，从而令对方无从辩驳。

著名航海家哥伦布历尽千辛万苦，耗时数十年，终于横渡大西洋，在大洋彼岸发现了新大陆。这一划时代的伟大创举，令哥伦布成为西班牙乃至世界闻名的航海家、大英雄。然而，也不乏一些好事之徒因为嫉妒，想方设法让哥伦布当众出丑。

在一次庆功会上，哥伦布就遭到一个小人的发难。他用不屑的语气，大声说道："发现新大陆有什么了不起的？这是任何一个人都能做到的事情，只要穿过大西洋，就能发现新大陆，因为它就在那里！这么简单的事情，谁做不到呢?!"

面对挑衅，哥伦布并没有勃然大怒，也没有反唇相讥，而是平静地站起身，拿起一个鸡蛋，对众人说："谁能将这个鸡蛋立在桌上？"

每个人都跃跃欲试，然而鸡蛋转了一圈，又回到哥伦布手中，没有一个人能将鸡蛋竖起来。这时，哥伦布拿起鸡蛋，在蛋壳上轻轻敲出一个坑，鸡蛋稳稳地立在桌上。他转身对大家说："这不是世界上最简单的事情吗？但是，你们却说这不可能办到。是的，当人们知道某件事情该怎么做之后，也许谁都能做到。"

多么精彩的反击！哥伦布用一个简单的事实，彻底粉碎了挑衅者的无知妄言，这比义正词严的反驳更让人心服口服。通过立鸡蛋这件事，哥伦布让众人明白一个道理：任何事情，一旦有人先做到了，看起来就很简单，但是对于开发未知领域而言，真正去尝试并获得成功的人才是最了不起的。在事实面前，任何不切实际的言论都站不住脚。

以柔克刚，化对手的攻势于无形

口才技巧

在辩论中，当己方处于守势时，不要逞强硬拼，而要学会适时低头，以让步来软化对手，从而为自己赢得回旋的余地，最终取得辩论的胜利。

在辩论中，我们经常会遇到一些态度强硬的对手，他们锋芒毕露、咄咄逼人。倘若与其硬碰硬，很可能会落得个两败俱伤的结果。对此，高明的辩手会采取以柔克刚的策略，故意用自己的“软”来对付他人的“硬”，从而摆脱困境、化险为夷。

河野很爱自己的妻子，但因为脾气暴躁，常与妻子发生口角。一天，河野和妻子再次发生争执，妻子一边哭，一边拉开衣橱，收拾衣物。河野紧张地问：“你想干什么？”妻子答道：“一年到头老是争吵不休，我再也待不下去了，我要离开这个家！”

河野一听，顿时慌了神。他知道妻子的情绪很冲动，现在说什么都不管用。可难道就这样眼看着妻子离开自己吗？看到妻子打开大门，拖着箱子往外走，河野突然有了主意。只听他高喊一声：“等一下！”说着，随手抓起一只皮箱，也往外冲，边冲边说：“亲爱的，我也待不下去了，不如你带我一起走吧。”

河野近乎耍赖般的要求令妻子忍俊不禁，不由得破涕而笑，两人终于重归于好。

关键时刻，河野的示弱就像一把锥子，将妻子怒气冲天的“气球”戳了一个洞，慢慢地消了气。可见，相对“刚”而言，“柔”有其独到之处，就像武器中的软兵器，虽然没有其他武器那样霸气的外表，却是绵里藏针，必要时能给对方致命的一击。

金蝉脱壳，避开对手的锋芒

口才技巧

在辩论中，当形势对己方不利时，不要一味恋战，要学会转移话题，以金蝉脱壳之术来迷惑对方，分散对方的注意力，从而使自己得以脱身。

蝉在脱壳时，会把身体从旧壳中脱离出来，而将旧壳挂在枝头，借以迷惑敌人。在辩论中，当形势对己方不利时，我们也可以采取金蝉脱壳之计，转移话题，借以迷惑对方，分散对方的注意力，从而使自己得以脱身，以免陷入被动的局面中。

当林肯还在学校读书时，有一次考试，老师问他："林肯，这里有两道题目，一道简单，另一道很难，你从中选择一道吧。"

"那就考难的那道吧。"林肯想了一下，答道。

"那好，"老师说，"你告诉我，鸡蛋是从哪里来的?"

"当然是鸡生的呀!"林肯不假思索地答道。

"那么，鸡又是从哪里来的呢?"老师紧接着问。

林肯立即明白自己中了老师的圈套，因为这是一个循环往复、永远没有答案的问题，无论你怎样回答，都不可能摆脱被动的困境。于是，他灵机一动，想起了老师一开始跟他说的话，立刻反问道："老师，您不是说任选一道回答吗？这可是您的第二道题目了。"

老师一听，顿时语塞，无奈之下只好放过了林肯。

在运用金蝉脱壳之计时，注意"脱壳"要"脱"得干净，最好像林肯那样，把对方的问题再踢还给对方，这样就可以成功地困住对方，使其无力还击。

顺坡骑驴，借力使力不费力

口才技巧

在辩论中，如果发现对方的言论对你很有利，不妨借用过来，服务于自己。这种顺坡骑驴的辩论技巧，能够毫不费力地击败对方。

在辩论中，如果发现对方的言论对你很有利，不妨借用过来，服务于自己。这种顺坡骑驴的辩论技巧不直接反驳对方，而是以对方言谈中的漏洞作为突破口，顺势接过对方的话头突然出击，变不利因素为有利因素，让对方措手不及，可谓借力使力不费力。

美国内战后，约翰·爱伦和陶克将军同时角逐国会议员的席位。陶克将军是内战英雄，就地位和功勋来说，爱伦显然处于劣势。然而，爱伦却在一次演讲中，巧妙地利用陶克将军的话作为自己的根基，发表了一场精彩的演说，从而获得了更多选民的支持。

陶克将军担任过三届国会议员，他懂得如何用自己骄人的战绩来激起人们对他的信任和感激。他在演讲中说："同胞们，17年前我带兵在茶座山与敌人激战。当晚，我就睡在山上的丛林里。如果诸位没有忘记那场艰苦卓绝的战斗的话，那么在选举时，请你也不要忘记那些历尽艰辛、风餐露宿的人。"果然，大家对陶克将军的话报以热烈的掌声。

轮到爱伦演讲了。他自然不可能与陶克将军比战功，但他也提到了那场战争："陶克将军说得没错，我可以做证。大家或许不知道，茶座山的战斗我也参加了。但那时我只是一个小兵。冲锋陷阵的是我，出生入死的是我；当他在丛林中安睡时，为他站岗放哨、保卫安全的也是我们这些无名小卒……"话音未落，听众就报以热烈的掌声。

爱伦之所以成功，就在于他巧妙地借助陶克将军"为他"打下的基础，用战士们比将军辛苦百倍的事实来打动人心。这种顺坡骑驴的辩论技巧让他毫不费力地击败了对方。

与对方荣辱相连，使其无力回击

口才技巧

在辩论中，当己方身处不利境地时，不妨抓住对方观点与己方观点的连带关系，与对方荣辱相连。这样，对方就不敢再出言不逊或提出无理要求。

在辩论中，当己方身处不利境地时，与其拼命挣扎，不如将计就计，顺势抓住对方观点与己方观点的连带关系，通过联想、想象等思维活动，巧妙地提出一个关联性命题，从而与对方荣辱相连。这样，矛盾双方的命运就被捆绑在一起，使得对方不敢再提无理要求。

晏子使楚时，因其身材矮小，楚国人想乘机侮辱一下他，便在城门旁开了个小门，请他从小门进去。晏子对守城的官吏说："只有出使狗国的人，才从狗洞进入。"守城官吏不肯承认楚国是狗国，因此只好打开城门，让晏子从正门进入。

楚王见了晏子，故作惊讶地问："齐国没人了吗?"晏子说："齐国到处都是人。仅在都城，人们张开袖子便成布帷，挥去汗水就如同下雨，肩并着肩，脚跟接着脚跟，怎么能说没人呢?"楚王笑道："那为何派你来当使者?"晏子说："齐国派遣使者是有讲究的，贤能的人派遣给贤明的君主，没才能的人派遣给没才能的君主。我晏婴最没有才能，所以只能出使楚国。"楚王听了无言以对，从此再也不敢小瞧晏子了。

晏子身处困境而毫不慌乱，沉着冷静地将对方抛给自己的难题一一接下，然后再设法让对方与自己同处一样的困境中，一荣俱荣、一辱俱辱，从而令对方自讨苦吃、无力还击。

装聋作哑，消磨对方的斗志

口才技巧

在辩论中，如果对方咄咄逼人，双方的针锋相对很容易变成争吵。这时，你不妨装聋作哑，使其产生急躁情绪，这样你就可以抓住他的漏洞，一举将其击溃。

对于辩论，人们有一种误解，即越是慷慨激昂，就越能在气势上压倒对方。殊不知，辩论不是吵架，声音越大，就越有胜算。有时候，装聋作哑反而能够出奇制胜。

第一次世界大战后，土耳其凭借自身实力，打败了甘当英国傀儡的希腊。为了巩固自己的势力，英国纠集列强，在洛桑与土耳其代表谈判，企图胁迫土耳其签订不平等条约。

英国代表柯尊身材魁梧、声如洪钟，是闻名遐迩的外交家，面对身材矮小还有点耳聋的土耳其代表伊斯美，他表现得傲气十足，其他各国代表也都言辞刻薄、盛气凌人。

然而在谈判中，伊斯美却充分利用自己“耳聋”的缺陷，凡是对土耳其有利的话，他都听得清清楚楚；凡是对土耳其不利的话，他一概装作没听见。哪怕柯尊声色俱厉，说得口干舌燥，伊斯美还是不紧不慢，一脸茫然地问：“你说什么？我没听清楚。”柯尊刚要发火，伊斯美就微笑着道歉：“对不起，我耳朵不太好。”弄得各国代表暴跳如雷却又无可奈何。

三个月后，各国代表的意志和决心被消磨得一干二净，而伊斯美却始终坚持原则，寸步不让。最终，土耳其取得了谈判的胜利。

在人际交往中，如果对方故意讽刺你，你也可以用装聋作哑来对付他，一来令其情绪失控，斗志消退；二来可以在沉默中寻找漏洞，然后见缝插针，一举击溃对方。

模糊作答，使对方拿不定主意

口才技巧

在辩论中，当某个问题不便回答时，我们可以用含糊的措辞蒙混过关。这种模糊作答的辩论技巧能够缓解对方的攻势，给自己留下足够的回旋余地，变被动为主动。

在辩论中，当某个问题不便直接回答时，我们可以用含糊的措辞蒙混过关。这种模糊作答的辩论技巧能够缓解对方的攻势，给自己留下足够的回旋余地，变被动为主动。因此，在外交场合特别受到青睐，很多外交家甚至将它称为“外交的最高技巧”。

汉高祖刘邦深谙此道，在楚汉战争中，他正是凭借这一技巧，逃过了项羽的劫杀。

项羽自立西楚霸王后，一直想除掉刘邦。谋士范增给他出主意说：“等刘邦上朝时，大王就问他是否愿去南郑。如果刘邦说愿去，大王就说：‘南郑乃养兵屯粮之地，你愿去南郑，是为了养军蓄锐，以便日后与我一争天下。这足以证明你有逆反之心。’大王可令人将他推出去斩首。如果刘邦说不愿去，大王就说：‘楚怀王有约在先，先入关中者为王，你不愿去南郑，就是想做关中王，我怎可留你?’这样一来，无论刘邦如何作答，都难逃一死。”

刘邦上朝后，项羽依计行事。刘邦是个聪明人，早就知道项羽有害他之心，于是答道：“臣食君禄，命悬于君。臣如陛下坐骑，鞭之则行，收辔则止，臣唯命是听。”刘邦含糊作答，既没说愿意去，也没说不愿意去，而是将皮球踢回给项羽，全凭项羽做主。

项羽一听，顿时没了主张，愣了半晌才说道：“你要听我的，那就不要去了。”刘邦立刻说：“是，臣遵旨。”其实，他根本就不想去南郑。

范增机关算尽，本想一举拿下刘邦，谁知道却被对方以含糊的言辞，化攻势于无形。